La légende de Robin des Bois

Conception et réalisation de la couverture
et de la charte graphique intérieure : Points d'impact.
Mise en page du texte : Nuances du Sud.

ISBN : 2-7089-0800-6

BP 828, 31080 Toulouse CEDEX 6
Dépôt légal en mai 2001.

François Amy de la Bretèque

La légende de Robin des Bois

Personnage de légende,
symbole de rébellion,
insoumis romantique
ou héros justicier…
De la forêt de Sherwood aux
grands écrans du monde entier,
le mythe de Robin des Bois
reste toujours aussi vivant.

ÉDITIONS
Privat

*Comment un personnage emblématique devient-il le mythe diviseur ou rassembleur d'une communauté nationale, régionale ou sociale ? La collection « **Entre légendes et histoire** », dirigée par Christian Amalvi, se propose de définir le mythe à travers un ensemble de représentations et d'images, largement répandues dans le temps par les manuels scolaires, les romans historiques, les opéras, les tableaux d'histoire, les films, la bande dessinée ou encore la publicité...*

Elle puise dans les mythes nationaux, européens, voire universels des sujets susceptibles d'intéresser le plus large public. Ces mythes peuvent être des événements fondateurs d'une nation – les mythes francs et gaulois par exemple –, des lieux de mémoire – Montségur pour les Occitans, l'ossuaire de Verdun pour tous les Français –, des figures de proue – de saint Louis au général de Gaulle.

Mais cette collection s'interroge également sur l'actualité et le devenir de ces mythes : survivront-ils ou s'épuiseront-ils au cours du siècle prochain ?

Autres titres dans la même collection :

Les héros de l'histoire de France
Christian Amalvi

Valmy, le mythe de la République
Louis Bergès

14-18, le cri d'une génération
Rémy Cazals et Frédéric Rousseau

SOMMAIRE

Chapitre 5
UN BANDIT SOCIAL

Chapitre 6
AMÉRICANISATION ET INTERNATIONALISATION DE ROBIN DES BOIS

Chapitre 7
Réappropriations européennes et figures de substitution

Chapitre 8
Du héros enfantin à l'archétype

Conclusion
Des Robins des Bois d'ailleurs et d'aujourd'hui

Bibliographie

Filmographie

Introduction

Robin des Bois : le seul fait de prononcer ce nom suffit à susciter une image et tout un univers dans l'esprit de tout individu du monde occidental, de culture anglo-saxonne ou non, et même bien au-delà de cette sphère culturelle. Car Robin, issu des profondeurs d'un passé obscur, a connu un étrange et fabuleux destin qui en a fait l'un des héros les plus populaires du XXe siècle.

Destin bien étrange en effet, qui se tient entre l'évanescence du personnage réel, dont l'existence même n'a pas encore été prouvée, et la malléabilité du personnage mythique, susceptible de recouvrir au fil des décennies les discours les plus contradictoires. Et pourtant, la figure de Robin ne cesse d'être reconnaissable sous des oripeaux variés dont il fut recouvert.

Il faut donc s'interroger sur le processus qui a pu conduire un simple *outlaw* (hors-la-loi) chanté dans quelques ballades anglaises de la fin du Moyen Âge, à ce statut de héros universel.

Un tel cas de figure est presque unique dans la mythologie des sociétés de l'âge industriel. À qui pourrait-on le comparer ? Les grands héros dont nous avons hérités de l'Antiquité classique n'ont pas connu pareille fortune, en dehors des milieux cultivés : Œdipe, Antigone, Électre, Phèdre, Médée, ont eu, bien sûr, une carrière prestigieuse dans les arts de notre siècle, mais limitée aux modes d'expression « supérieurs ». On pourrait penser à Hercule ; mais la vogue de ce dernier dans le péplum italien ne dura qu'une décennie. Les héros bibliques (Moïse, David, Samson) n'ont pas non plus fait une longue carrière et peu d'entre eux ont atteint ce statut de mythes de référence dans le quotidien de l'homme ordinaire. Du côté de l'héritage médiéval émergent bien quelques figures d'origine légendaire : Arthur, Merlin, ou historique : Jeanne d'Arc surtout, qui est la seule rivale de notre Robin en termes de *box-office*. Mais en vérité, c'est à l'aune du succès des personnages créés de toutes pièces dans la fiction et popularisés par le cinéma ou la télévision qu'il faut mesurer la popularité de Robin des Bois : Maciste, Tarzan, Zorro, Fantômas, James Bond… Il se trouve, on le verra, que notre héros présente quelque parenté sur ses marges avec chacun d'entre eux. Mais lui, à la différence de ceux que je viens de citer, n'est pas – semble-t-il – une création purement littéraire, et il prend son origine bien plus loin qu'eux dans le temps.

Que veut-on dire en parlant de héros populaire ? Ce qualificatif a deux sens. Il signifie d'abord que le personnage est très connu, que son audience déborde les frontières nationales et outrepasse les fractures de classes. Une enquête conduite il y a quelques années dans des collèges de la région parisienne donnait le résultat suivant : « Robin des Bois est connu par 25 % des élèves, ce qui est un fort pourcentage compte tenu du peu de livres lus ou de films vus par ces élèves. » Les conducteurs de l'enquête glosent ainsi : « Il symbolise à lui seul une vision fantasmatique du Moyen Âge. Il est un héros du "désert médiéval", c'est-à-dire d'un univers où toute civilisation moderne est absente. Il évolue dans un milieu plutôt négatif, presque sauvage, qui se situe dans leur esprit dans un domaine encore moins que rural. D'autre part, son arc et ses flèches le classent parmi les héros guerriers. Il est le symbole de la lutte ardente et généreuse contre l'injustice et l'oppression si chère au cœur des élèves […] Enfin il est, à l'image de leur vision du Moyen Âge, un personnage totalement mythique » (*Médiévales*, 1987).
Cette perception de Robin des Bois par des adolescents français d'aujourd'hui, outre qu'elle prouve la popularité du héros anglais hors

Errol Flynn dans le film de M. Curtiz Les Aventures de Robin des Bois *(1938).*

de son territoire d'origine, nous renseigne bien sur ce qui fait le fond du mythe, même auprès de gens qui n'en connaissent que ce que la rumeur en dit (ce qui est le privilège des mythes). *Rural vigor and natural justice*, synthétisait un des meilleurs connaisseurs de Robin, Stephen Knight.

Héros populaire, il l'est dans un deuxième sens. Sa légende a été prise en charge, tout au long des cinq à six siècles qui nous séparent de sa naissance, par cette part de la production culturelle que l'on baptise « populaire » : des ballades, d'abord interprétées par des ménestrels, puis imprimées sur des brochures ou des feuilles à bon marché ; des pantomimes, des pièces de théâtre de rue et de tréteaux *(barnstormer's playlets)* à l'aube des temps modernes ; la « littérature populaire » qui prend le relais au XIXe siècle, suivie par une abondante production pour les enfants ; des comédies musicales au tournant du XIXe et du XXe siècles ; enfin, le relais pris par le cinéma dès les années 1910, relais essentiel qui constituera le centre de cette étude. On peut faire une observation paradoxale : avant le cinéma, Robin n'a été le sujet d'aucune œuvre de premier plan. Walter Scott l'a introduit comme un personnage secondaire, Tennysson lui a consacré un de ses moins bons poèmes, etc. Cette « relative » médiocrité des œuvres écrites n'a pas empêché la légende de prendre une extrême vigueur au long du dernier siècle. Mais il fallut attendre Douglas Fairbanks en 1922 et surtout Errol Flynn en 1938 pour qu'elle trouve un véhicule à sa pleine mesure. Encore doit-on souligner qu'elle se situe là aussi dans le champ vaste de la culture populaire : ce n'est pas le cinéma d'auteur ni le cinéma indépendant qui la prend en charge, mais le grand cinéma de divertissement. Il en restera ainsi jusqu'à nos jours.

Chapitre 1
Les origines d'une légende

Kevin Costner, célèbre Robin des Bois dans le film de K. Reynolds (1991).

Commençons par une question un peu théorique mais nécessaire. Comment désigner le statut de Robin des Bois dans notre culture contemporaine ? Est-ce un conte ? une légende ? un mythe ?
Il est d'usage de considérer qu'il appartient à la deuxième de ces catégories, dans la mesure où le personnage aurait « existé réellement » dans le passé. Cependant, son existence historique n'est pas encore prouvée, comme celle d'Agamemnon, de Roland, et de quelques autres. Cela ne l'empêche en aucune façon d'exister comme objet historique. En effet, dans la conception actuelle de l'histoire, une création imaginaire qui a eu (et qui a encore) une existence dans le corps social mérite autant d'être prise en compte que ses productions matérielles.
Les histoires de Robin des Bois relèvent tout autant du conte. Elles en présentent deux caractéristiques : d'une part, elles actualisent des archétypes, d'autre part, elles ont été d'abord transmises oralement. La littérature écrite, certes, a pris le relais depuis le XVIe siècle ; mais à notre époque le héros doit sa popularité à un médium qui ne repose pas sur la lecture : le cinéma. On a de bonnes raisons de considérer que celui-ci s'est installé, dans notre civilisation, en relais de la tradition orale des cultures traditionnelles.
Ceci nous amène à la troisième dimension des récits « robinesques » : celle qui permet d'en parler comme d'un mythe. Un peu d'explication s'impose ici, le terme de « mythe » ayant des usages multiples et souvent dévoyés. Dans le cas de Robin des Bois, on ne peut pas appliquer la définition classique du terme, celle des anthropologues et des historiens des religions : le héros de Sherwood n'est pas, dans notre culture, l'objet d'une croyance de type religieux et il ne suscite pas des comportements rituels (encore que le « pèlerinage » touristique dans la forêt de Sherwood puisse être considéré d'une certaine façon comme un substitut laïque de ces rites). Il s'agit d'un

mythe au sens de ceux que Roland Barthes recensait dans ses *Mythologies* : des images et des bribes de récits qui sont l'objet de « fétichisations », plus ou moins inconscientes et qui « véhiculent des façons de voir le monde qui sont à la base d'une société » (Schmitt et Viala).

Avant d'en venir aux supports qui ont assuré la popularité de Robin des Bois dans notre univers, au premier rang : le cinéma, il convient de refaire rapidement le trajet pluriséculaire qui l'a conduit jusqu'à nous.

Les traces historiques

• Quand commence-t-on à entendre parler de Robin des Bois ?

Robin Hood, Robert Hood, Robyn Hode, Robert de Wakefield... Ces noms qui émergent à grand-peine des brumes de l'histoire ont été considérés tour à tour, eux et plusieurs autres, comme la preuve que le héros de Sherwood avait bien existé. On a déployé beaucoup d'énergie, et l'on s'y emploie encore, pour tenter de transformer ces minces traces en documents irréfutables. À défaut d'y être vraiment parvenus, les historiens s'accordent aujourd'hui sur une idée minimale : le nom de Robin des Bois a focalisé et cristallisé le souvenir de rebelles qui ont marqué l'histoire de l'Angleterre médiévale et dont l'existence, elle, ne saurait être mise en cause.

En 1261-1262, les archives nous font connaître un certain *outlaw* nommé William Robehod, fils de Robert Le Fevere, nom à consonance normande signifiant forgeron. Ce serait par conséquent un artisan. Il s'agit de la plus ancienne apparition du nom de notre héros. Cela le situerait, à la fin du XIIIe siècle. Mais les historiens sérieux (James C. Holt, Rodney H. Hilton, Stephen Knight) tendent à penser que ce nom serait en fait un pseudonyme attestant que le personnage légendaire était populaire dès cette époque. On en a d'ailleurs trouvé d'autres ; par exemple un Hobbehood, ou Robert Hood, arrêté comme fugitif sous le règne d'Henri III en 1225. Il semble clair que, en cette fin du XIIIe siècle, « la légende avait donné naissance à de multiples Robin Hood, un personnage composite incarnant des êtres réels et des incidents réels mêlés sous l'enveloppe d'une persona unique » (James C. Holt). Ce qui confirme cette hypothèse est la popularité déjà acquise par certains autres personnages de la geste de Robin comme Petit-Jean *(Little John)* ou Much le meunier.

En 1322, par exemple, sous le règne d'Édouard II, un certain Robert Hood est pardonné par le roi à Barnsdale dans le Yorkshire (ce détail est cité dans la geste). Ces faits divers s'inscrivent dans le contexte général des rébellions rurales en Angleterre entre 1320 et 1440, notamment la révolte des forestiers contre Richard II en 1381, à l'époque des grandes jacqueries en Europe : contexte qui a assurément favorisé la popularisation de la légende.

On a cherché à découvrir des traces matérielles. Et bien sûr, on a pensé en avoir trouvé. Dans le cimetière de l'abbaye de Kirklees existe une pierre tombale au nom de « Robert, comte d'Hutingtun », connu aussi sous le nom de « Robin Heud », mort le « 24e jour des calendes de décembre 1247 ». Mais cette inscription date du début du XIXe siècle, et la date gravée dans la pierre n'existe pas dans le calendrier romain… Une gravure de 1665 montre, elle, un sarcophage portant le nom de « Robert Hude », sur le bord de la route où il dévalisait les voyageurs ; malheureusement, cette pierre a aujourd'hui disparu. Petit-Jean a lui aussi son tombeau dans le village d'Hatersage en Derbyshire ; la pierre est sans doute médiévale d'origine, mais elle a été gravée ultérieurement, quand on ouvrit la tombe en 1784 et qu'on y trouva, paraît-il, un fémur de taille exceptionnelle. Passons sur d'autres reliques, comme le grand chêne de la forêt de Sherwood, âgé de 500 ans environ et reconnu pour la première fois en 1790 comme celui à l'ombre duquel se réunissait l'assemblée des *outlaws*. Toute légende trouve à s'enraciner dans la terre qui l'a vue naître et à produire des traces matérielles qui feront l'objet des pratiques rituelles que nous évoquions plus haut. On remarquera au passage que deux périodes ont été propices à ce processus : la Renaissance et la fin du XVIIIe siècle.

Tout cela est bien mince. Tout au plus peut-on risquer la conjecture suivante quant aux dates de l'existence présumée du vrai

Robin. Légendaire dès les années 1260, son nom était déjà populaire vers 1225, date à laquelle il pourrait avoir été encore vivant. Il aurait donc été actif à la fin du XIIe siècle. Cette chronologie correspond à une donnée de la légende selon laquelle Robin, mis hors-la-loi une deuxième fois après la mort de Richard Ier, passa les vingt-deux dernières années de sa vie dans la forêt.

• Le nom du héros

Quant au nom du héros, relativement fixe sous ses diverses variantes, peut-il nous apprendre quelque chose ? *Hood* signifie en anglais « capuchon ». Cet accessoire, transformé en chapeau de feutre, deviendra un trait de reconnaissance déterminant du personnage en prenant une valeur archétypale (*Hood* est aussi dans le patronyme du *Petit Chaperon rouge* : *Little Red Riding Hood*). Dans le contexte médiéval, ce détail vestimentaire était sans doute un indice d'appartenance sociale. Ne portant ni chaperon, ni bonnet, ni « mortier » ou tout autre coiffure du genre, Robin n'est ni un chevalier ni un bourgeois. On ne peut toutefois exclure que ce costume soit un déguisement : *Hood* peut désigner un capuchon de moine ; or, l'un des tours les plus anciens de Robin consiste à voler un moine riche, et l'on verra que se déguiser est l'un des penchants de sa nature. Quant à Robin, c'est un prénom traditionnel dans la littérature française du Moyen Âge. On le rencontre notamment dans les « pastourelles », ces chansons dont les protagonistes sont un chevalier, une bergère et son ami berger, et qui sont censées se dérouler dans une ambiance campagnarde convenue. Robin sera surtout le héros du fameux *Jeu de Robin et Marion*, composé par Adam de la Halle vers 1283-1284, lointain ancêtre de l'opérette moderne. Un chevalier tombe amoureux de Marion, qui le repousse car elle aime le berger Robin. Diverses péripéties joyeuses jalonnent la pièce, qui s'achève par une fête champêtre en plein air. Le nom de la jeune bergère ne manquera pas de frapper l'observateur attentif : c'est précisément celui de la future bien-aimée de Robin Hood, qui n'apparaît dans la légende que vers 1450. Le rapport entre la pastourelle médiévale et l'histoire d'amour insérée dans la légende de Robin fait peu de doutes, d'autant que le *Jeu* d'Adam de la Halle avait été traduit en anglais en 1376. Ces remarques nous conduisent à privilégier l'influence des textes dans la constitution de la légende.

On notera enfin, pour terminer, que Robin Hood devient en français Robin « *des Bois* » : cette traduction infidèle semble indiquer que nos compatriotes ont été davantage sensibles à la dimension pastorale du mythe qu'à sa dimension sociale.

Le témoignage des anciens textes

Selon une problématique classique quand il s'agit de légendes, les historiens se divisent en deux tendances : ceux qui recherchent des traces documentaires ou archéologiques, et ceux qui ne font confiance qu'aux textes, quitte à supposer que la légende et son héros n'ont eu qu'une existence imaginaire.

• Les premières tentatives de mise en ordre

L'étude de la généalogie de ces textes est une affaire compliquée et n'entre pas vraiment dans le propos de ce livre. Commençons donc par donner de manière synthétique les grandes étapes de la construction de la légende avant qu'elle s'épanouisse dans les deux derniers siècles.

Le Robin des ballades médiévales est encore un héros local (Stephen Knight, 1995) et ne possède pas de caractéristique sociale précise. Il est seulement désigné comme *yeoman*, c'est-à-dire serviteur de la maison royale. À la fin du Moyen Âge, il se conforme à l'archétype du « bandit social » (Eric Hobsbawn) pour représenter la résistance locale au pouvoir central.

Un premier tournant se produit à l'aube de la période classique. Chez Anthony Munday, Robin devient un aristocrate déclassé. Cette « gentryfication » comme disent les Anglais a pour corollaires la loyauté à l'égard du pouvoir légitime et les amours avec une dame de noble naissance, lady Marianne.

Le Romantisme symbolise un nouveau tournant. Tandis que John Ritson infléchit le personnage dans un sens progressiste, Walter Scott et Thomas L. Peacock vont introduire le thème national

dans la geste. Ces couches nouvelles de signification n'excluent pas les anciennes ; elles s'empilent, au contraire, les unes sur les autres. Si bien que, quand le cinéma reprendra le personnage, il assumera tout cet héritage de signifiés dans lequel les films pourront choisir selon des circonstances.
On peut considérer, enfin, que le cinéma et la télévision marquent une nouvelle étape où le héros atteint un statut international.
Ces niveaux successifs doivent être présents à l'esprit quand on entreprend d'étudier la signification que peuvent revêtir les récits consacrés à Robin produits par notre siècle.
Les premiers vers connus où apparaît le nom de Robin Hood sont ceux de William Langland dans son *Piers Plowman* en 1377. Il s'agit là d'une simple allusion attestant que le personnage est déjà populaire. Mais il n'existe aucune trace des ballades citées par Langland avant la deuxième moitié du XVe siècle. Voici les trois plus anciennes. Dans *Robin Hood et le moine*, le proscrit est trahi par un religieux qui l'a remis aux mains du shérif. Il est ensuite arraché au château de Nottingham par ses compagnons dont Petit-Jean a pris la tête. *Robin et le potier* développe une trame plus burlesque : le héros dépouille un potier ambulant et revêt son habit, ce qui lui permet d'attirer le shérif dans un piège. *Robin et Guy de Guinsbourne* présente le héros sous un jour plus cruel : il démasque son adversaire, sir Guy, et lui coupe la tête pour revêtir son costume afin d'aller délivrer Petit-Jean des griffes du shérif. Ces ballades, et d'autres composées plus tard, seront connues au XIXe siècle par l'édition qu'en donna Joseph Ritson en 1795.

La geste de Robin Hood

Comme cela est fréquent dans la littérature épique, la geste constitue d'abord des textes autonomes, et sera ensuite mise en cycle. Vraisemblablement composée entre 1450 et 1500, elle nous est connue par des versions imprimées du début du XVIe siècle. Celles-ci montrent que l'Angleterre n'a pas connu, comme la France, une rupture entre la culture médiévale et celle des Temps modernes. La geste développe deux récits principaux. Dans le premier, qui se déroule à Barnsdale, Robin porte secours à un pauvre chevalier en dette envers l'abbé de Saint-Mary. Dans le second, situé dans la forêt de Nottingham, il participe à un concours d'archers organisé par le shérif, puis il reçoit le pardon du roi (dont on ne donne pas le nom) ; à nouveau disgracié, il doit retourner dans la forêt pour deux décennies. La geste s'achève par le récit de la mort de Robin, trahi par l'abbesse de Kirklees qui lui administre un poison au lieu du remède espéré.

Les plus anciens textes rassemblent un certain nombre d'épisodes qui formeront, avec ceux que nous venons de voir, les noyaux stables de la légende à travers les siècles : des hors-la-loi vivant en communauté dans la forêt ; des voyageurs fortunés qu'ils forcent à partager leur repas ; un moine ou un abbé volé parce qu'il mentait en disant qu'il n'avait rien dans ses poches ; le héros se déguisant en potier ; le shérif attiré dans un piège au cœur de la forêt ; la réconciliation du chef des hors-la-loi avec le roi. Ces anecdotes sont attribuées aussi bien à Robin qu'à d'autres *outlaws* populaires comme Hereward the Wake, Eustache le Moine ou Fuke Fitzwarin, oubliés aujourd'hui. Pourquoi Robin l'emporta-t-il dans la mémoire commune ? C'est difficile à dire. Toujours est-il qu'à partir d'une certaine époque, fables et récits d'origines multiples convergent vers lui.

Il faut donc voir la tradition « robinesque » non comme une série de variations sur un même personnage, mais comme un écheveau de variantes illustrant, chacune à leur façon, un thème central : la résistance à une autorité abusive. Peu à peu viennent s'ajouter des thèmes : la mort de Robin au prieuré de Kirklees après une deuxième disgrace ; les affrontements avec sir Guy de Guinsbourne (si populaires qu'on en fit une pièce de théâtre en 1475) ; l'introduction de frère Tuck, personnage connu historiquement vers 1420, pour la première fois aux côtés de Robin dans le même fragment de pièce de 1475, etc. Nous en rencontrerons d'autres dans la suite de ce parcours.

• Les fluctuations de l'ancrage historique de la légende

On doit retenir deux traits déterminants de cette lointaine origine. Le premier est le caractère « fragmentaire » des ballades primitives. Chacune d'elles se limite à raconter une anecdote, un épisode des exploits de Robin. Ce trait persistera jusqu'à nos jours : il sera toujours possible à un auteur d'album pour la jeunesse, à un dessinateur de BD ou à un réalisateur de films, de choisir de raconter un épisode extrait de tout le corpus, voire d'en inventer un nouveau. Le second trait, découlant du premier, est le phénomène de la sérialité. Pour agencer ces épisodes indépendants dans une geste, une mise en ordre s'impose mais ceux-ci conservent une relative autonomie qui apparaîtra en particulier dans la construction des films en grandes séquences séparées par des ellipses impossibles à mesurer. Cette structure favorise la mise en œuvre de « continuations » – au sens où l'entend Gérard Genette pour désigner cette forme particulière de réécriture. On peut, en effet, choisir de placer un nouveau récit dans l'avant (continuation analeptique), dans l'après (continuation proleptique), ou dans l'entre-deux (continuation paraleptique) de l'histoire précédente…

Les séries à l'écran

Le corpus des films consacrés à Robin est marqué lui aussi par le phénomène de la série, ce qui en fait un cas presque unique dans le cinéma moyenâgeux. Dès la fin des années 40, mais surtout à partir du milieu des années 70, et pour une décennie, on s'est mis à produire des suites des Robin des Bois classiques, transformés en films cultes et en matrices inépuisables. Ce processus concerne même certains acteurs, tel Lee Baxter, interprète de deux suites plus ou moins fantaisistes de Robin des Bois – et ancien Tarzan lui-même –, ou Richard Greene, qui sera le héros d'une interminable série télévisée britannique. Ces continuations ont encore pour particularité de s'être poursuivies sur le petit écran. Il faut également inclure dans ces suites des films comme *La Flèche et le flambeau* de Jacques Tourneur (1950), quoique l'action ne se déroule pas en Angleterre et que les personnages s'y nomment Dardo, Ulrich et

Piccolo, au lieu de Robin, sir Guy et Petit-Jean : il s'agit, en effet, d'une pure et simple transposition minimale. Plusieurs des versions italiennes de Robin des Bois déplacent aussi le cadre de l'action, tout en conservant la structure intacte.

Robin reste présent dans la création littéraire aux siècles classiques. Même Shakespeare y fait allusion dans la pièce *As You Like It*.
Pendant longtemps, la situation de cette histoire dans le temps est restée imprécise. Le roi avec lequel Robin est censé se réconcilier est tantôt Henri III, tantôt Édouard III, quand ce n'est pas Édouard II ou Édouard Ier. Robin pouvait se trouver n'importe quand dans le siècle et demi qui précède la grande révolte des forestiers contre Richard II en 1381. C'est à la Renaissance que l'ancrage va se stabiliser : on va situer Robin dans les dernières années du XIIe siècle, à l'époque du règne de Richard Ier, le très populaire Cœur de Lion. Deux pièces commandées à Anthony Munday en 1598 et jouées en 1601 fixeront durablement pour la postérité ce cadre historique ainsi que le développement dramatique de l'histoire – qui devra donc sa cohérence à une structure théâtrale.
La première, *La Chute de Robin Hood comte d'Huntington*, présente le héros comme un aristocrate dépossédé. Pendant l'absence de Richard Cœur de Lion, le jeune comte d'Huntington devient, non un rebelle contre l'autorité, mais le seigneur hors-la-loi de la forêt de Sherwood. Le prince Jean n'est pas encore présenté comme son adversaire impitoyable. Au retour de Richard, Robin est rétabli dans ses droits.
La seconde raconte *La Mort de Robin Hood* dont nous connaissons déjà les circonstances. Un grand pas est accompli vers un Robin légitimiste, les commanditaires de la pièce étaient eux-mêmes des aristocrates. La deuxième innovation est l'introduction de lady Marianne, ici rebaptisée Matilda et présentée comme la fille d'un certain lord Fitzwalter : l'amour courtois fait son entrée dans le mythe.
Mais il faut souligner que le personnage de Marianne provenait d'un autre niveau social. Les érudits citent toute une série de

Maygames (jeux de mai) au long du XVIe siècle, auxquels participaient aussi bien les habitants des campagnes que les nobles de la Cour : le roi Henri VIII lui-même ne dédaignait pas ces divertissements. Les hors-la-loi de la forêt de Sherwood y devenaient des *merry men* qui passaient leur temps à se divertir ; quant à Marianne, elle était choisie comme « reine de mai » de son Robin, « roi » de la fête. « À l'époque élisabéthaine, dit Stephen Knight, la tradition se "fossilise". En dépit du caractère carnavalesque des jeux de mai, des limites sont posées au thème d'un Robin antiautoritaire. Il faudra attendre l'aube du Romantisme pour que les choses recommencent à bouger. Mais bien des éléments mis en place dans cette première période vont persister dans les œuvres postérieures, y compris dans les films. »

Chapitre 2
Le cadre historique présumé de la légende

L'Angleterre anglo-normande

La légende de Robin s'ancre dans le contexte bien particulier de l'Angleterre des Plantagenêts. Le choix de cet arrière-plan historique n'est pas indifférent. L'Angleterre de cette fin du XIIe siècle est à la fois le prototype d'un État moderne, unifié, et le champ clos où se déroulent des conflits de classes (dans le contexte de la féodalité triomphante) et de nationalités (le complexe anglo-normand). Ce moment du Moyen Âge, les œuvres successives qui traiteront de la légende de Robin en prendront prétexte pour parler de leur époque à elles, une œuvre parlant toujours d'abord de son présent. Elles se livreront donc à une interprétation plus ou moins affichée et consciente de l'historiographie du Moyen Âge anglais.

Depuis la bataille d'Hastings remportée par le duc de Normandie, Guillaume le Conquérant, l'Angleterre celtique et saxonne, qui a subi là la dernière invasion de son histoire, est partie intégrante de ce que l'on a nommé précisément la sphère politique et culturelle anglo-normande. Les Normands ont introduit un système féodal parmi les plus évolués de l'Occident. Ce système a été établi au bénéfice des compagnons du Conquérant, l'aristocratie indigène s'étant montrée rétive. « De là, écrit Roland Marx (1997), la naissance d'un "joug normand" qui a nourri les idéologies, en particulier lorsque le XVIIe siècle invente la thèse de l'écrasement des vieilles "libertés saxonnes" et de leur lente restauration par l'effort du peuple, des juristes et du Parlement. » Les romans du XIXe, puis certains films, conserveront cette thèse (*Ivanhoé* de Richard Thorpe).

À vrai dire, le royaume anglais est alors dans une situation de bi (ou tri) culturalisme et de bi (tri) glossie, plutôt que dans une situation

coloniale de type moderne. Il se trouve de fait intégré à la culture continentale. Ces liens se trouveront renforcés en 1154 avec l'arrivée sur le trône des souverains « angevins », Henri II Plantagenêt, arrière-petit-fils du Conquérant, ayant épousé, comme chacun sait, Aliénor d'Aquitaine, répudiée par le roi de France Louis VII. Un véritable empire angevin se constitue alors, un *Channel State* dont les conséquences se feront sentir jusqu'à la guerre de Cent Ans.
Cet espace culturel use plus ou moins d'une même langue, le dialecte anglo-normand (dans lequel sont écrites certaines des grandes œuvres du Moyen Âge comme les *Lais* de Marie de France). D'ailleurs, les ballades et la geste de Robin Hood sont les seules œuvres de ce type qui aient été composées en anglais. Leurs semblables sont en latin, en français ou en anglo-normand. Il fait peu de doute que ce détail sera essentiel pour leur popularité en Grande-Bretagne. En extrapolant un peu, on peut suggérer que la légende de Robin restera longtemps un champ de compétition entre les mondes culturels français et anglais.

Richard Cœur de Lion

Les événements qui forment la toile de fond historique des fictions couvrent une trentaine d'années, à la fin du XIIe et au début du XIIIe siècle : l'espace d'une génération. Ils commencent avec les dernières années du règne d'Henri II Plantagenêt et vont, dans leur extension la plus large, jusqu'au règne de Jean sans Terre et ses démêlés avec le pape Innocent III. Mais, pour l'essentiel, la courte période qui a intéressé les romanciers et les cinéastes correspond à l'absence du roi Richard, parti en croisade en Terre sainte, de 1191 à 1194, et tout particulièrement, les deux années où il resta prisonnier en Autriche. Ayant rembarqué sans avoir conquis Jérusalem, Richard fut jeté par la tempête sur les côtes de Dalmatie ; il crut pouvoir, à la faveur d'un déguisement, traverser les terres du duc Léopold d'Autriche, qu'il avait offensé au siège de Saint-Jean-d'Acre. Mais ce dernier le découvrit, le livra à l'empereur Henri VI, et l'enferma dans la forteresse de Dürenstein, près de Krems. Il ne fut libéré qu'en 1194 contre une rançon de 250 000 Marks d'argent. Pendant son absence, son frère Jean, auquel son père n'avait rien laissé en héritage, tenta de le supplanter à la faveur de la régence qui lui avait été confiée. De retour en Angleterre, Richard anéantit le parti de son frère. Cinq ans plus tard, en 1199, il vint mettre le siège devant Châlus, par suite d'une querelle avec le vicomte de Limoges. C'est là qu'il mourut, transpercé par une flèche.

Ces faits avaient très tôt frappé les imaginations, suffisamment pour que la légende s'en empare. On trouve divers motifs : la capacité du roi à se déguiser, la rançon énorme que la dévotion populaire permet de rassembler ; d'autres ont pu servir de base à un thème qui s'amplifiera par la suite : l'usurpation du pouvoir par le

prince Jean, transformée en conspiration contre le roi absent et devenue l'archétype du pouvoir illégitime et arbitraire.
Quant à la captivité de Richard et à sa délivrance, elle avait donné très tôt naissance à un thème éminemment romanesque, favorisé par l'existence de la *rotrouenge* écrite par le roi-poète, dans laquelle il se plaignait de la perfidie du roi de France et de l'indifférence de ses alliés et vassaux.
Richard Cœur de Lion fut, pour les natifs de Grande-Bretagne, un roi essentiellement absent. Jeune homme, il fut ce prince rebelle qui se révolta, avec ses deux frères, contre l'autorité de son père Henri II. À peine devenu roi en 1189, à l'âge de 32 ans, il partit pour la Terre sainte afin de reprendre Jérusalem au sultan Saladin : c'est la fameuse troisième croisade ou croisade des rois. Celle-ci occupe à l'arrière-plan de la légende de Robin une fonction déterminante. Nous avons vu ce qui lui est arrivé au retour précipité de cette expédition lointaine. À peine rentré en Angleterre en 1194, où il se fit couronner une deuxième fois, le roi traversa à nouveau la Manche pour combattre son adversaire de toujours, le Capétien Philippe Auguste, sur la terre de Normandie. Cette guerre de cinq ans trouva son épilogue dans la mort assez piteuse de Richard en 1199, à l'âge de 42 ans. Ainsi, le monarque bien-aimé n'aura passé que six mois de son règne dans son royaume…
La première « disparition » de Richard, si romanesque, et la seconde, définitive celle-là, si inattendue qu'on ne peut y croire, ont ancré la figure de Richard du côté d'un archétype : celui du souverain que l'on fait passer pour mort mais dont on sait qu'il reviendra un jour. Il existe un grand modèle à ce mythe : le roi Arthur. Les chevaliers de la Table Ronde sont les exacts contemporains des Plantagenêts, génétiquement parlant, il ne faut pas l'oublier : les romans arthuriens sont nés au XIIe siècle et les monarques anglais en ont favorisé la diffusion, soucieux d'enraciner leur dynastie dans une origine mythique valorisante. La figure d'Arthur est présente en filigrane derrière celle du roi Richard, comme celle de Mordred

éclaire dans une certaine mesure celle de Jean sans Terre, et Lancelot, celle d'Ivanhoé ou de Robin de Locksley. Enfin, il faut souligner que le cinéma a ajouté à cette confusion par le recours aux mêmes acteurs ou aux mêmes réalisateurs : George Sanders, qui avait été Bois-Guilbert dans *Ivanhoé*, incarne ailleurs son ennemi juré Richard Cœur de Lion dans *King Richard and the Crusaders* ; Robert Taylor joue Lancelot dans *Les Chevaliers de la Table Ronde*, et Ivanhoé dans le film éponyme, deux films dirigés par Richard Thorpe ; Cornel Wilde fut Lancelot en 1963 (*Lancelot, chevalier de la reine*), après avoir été Robin des Bois en 1946 (*Le Fils de Robin des Bois*) ; Sean Connery incarne successivement Robin vieillissant (*La Rose et la flèche*), Richard Cœur de Lion (*Robin des Bois prince des voleurs*), et Arthur âgé (*First Knight*)… Le cinéma hollywoodien renforce le sentiment de continuité d'un univers à l'autre.

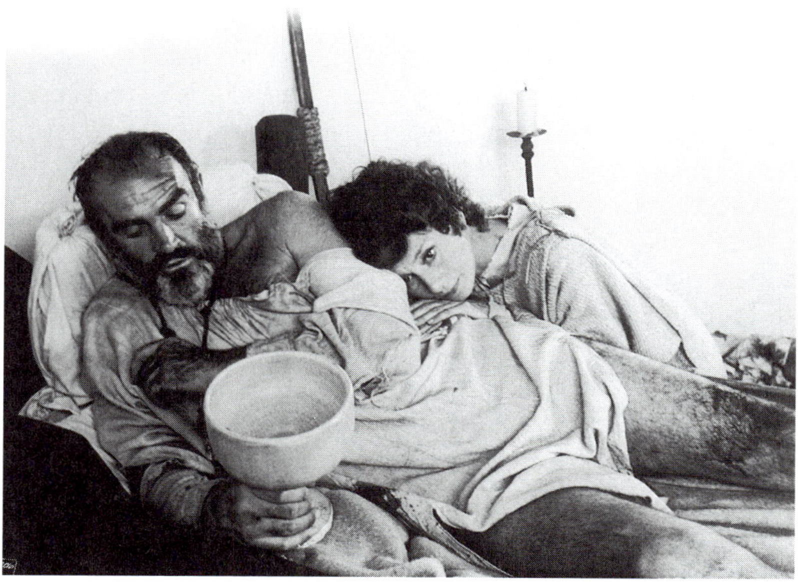

Un héros fatigué incarné par Sean Connery dans le film de R. Lester La Rose et la flèche *(1976).*

La *Magna Carta*

Le frère cadet de Richard, le prince Jean, s'empara effectivement de la régence pendant son absence. Il eut alors à faire face à l'offensive de Philippe Auguste en Normandie et dut traiter avec lui. C'est cette raison qui contraignit Richard à avancer son retour. Devenu roi en 1199, Jean « sans Terre » eut à connaître de graves revers en politique extérieure. Il perdit la Normandie en 1204, l'Anjou se révolta contre lui, et il fit partie des vaincus de Bouvines en 1214. Sur place, il échoua dans sa tentative de contrôle des bénéfices ecclésiastiques. Le pape Innocent III jeta l'interdit sur lui et son royaume en 1208. Il se soumit quelques années plus tard. Enfin, il dut faire face à une révolte des barons, qui eut pour conséquence principale l'octroi de la fameuse Grande Charte (1215) par laquelle il reconnaissait l'obligation de consulter un parlement avant de lever tout impôt extraordinaire. Cet événement a pris, avec le temps, la valeur de symbole de la naissance des régimes démocratiques occidentaux. Les historiens nous rappellent qu'il ne faut pas prendre cette Grande Charte pour un prototype de la Déclaration des droits de l'homme ; en fait, elle accorde un rôle exclusif aux grands vassaux et elle vise surtout à « renforcer la féodalité » (Roland Marx). Cependant, depuis le XVIIe siècle, elle est interprétée dans un sens démocratique. L'un de ses articles, qui fonde un véritable « droit à l'insurrection », semble avoir été écrit pour justifier à rebours la révolte des proscrits de la forêt de Sherwood, lesquels étaient des paysans et des artisans, et non des barons révoltés…

Ni la tradition populaire, ni le cinéma ne créditent Jean sans Terre de ce progrès. Le bénéfice de cette avancée « démocratique » est reversé sur la figure plus charismatique de Richard Cœur de Lion.

Très peu de films, du reste, ont fait directement allusion à la Charte. Elle est renvoyée sur un mode symbolique dans l'épilogue des films. Le prince Jean, lui, est resté comme l'archétype du traître et de l'imposteur. Non content d'occuper le trône en l'absence de son frère, il est déterminé à éliminer ce dernier, dès lors qu'il apprend qu'il est toujours en vie. Il se charge de rassembler l'argent de sa rançon en écrasant les paysans d'impôts, afin de le détourner ensuite à son usage personnel. Il se prend au plaisir d'un pouvoir sans limites, devenant une préfiguration des tyrans modernes, et trouvant assez largement son inspiration dans la figure du Richard III de Shakespeare. Sa fourberie éclate quand il prépare des pièges sophistiqués, comme le fameux concours de tir à l'arc auquel Robin se laisse prendre. Quant à sa lâcheté, corollaire de sa fourberie, on la voit dans les scènes de combat. Jean sans Terre, auquel Claude Rains, dans le film de Michael Curtiz, a donné une forme quasi définitive, s'est hissé au niveau des grands traîtres de légende. Mais, le plus souvent, les scénaristes ont jugé nécessaire de dédoubler cette figure maléfique, peut-être afin de dédouaner un peu un personnage qui, après tout, est de sang royal. D'où l'introduction des traîtres délégués : sir Guy de Guinsbourne et le shérif de Nottingham, dans le cycle de Robin des Bois. Certains de ces personnages éclipsent leur maître, les surpassant en méchanceté machiavélique. C'est le cas de sir Guy dans le *Robin des Bois* de Curtiz : l'interprétation de Basil Rathbone, viril, mobile, actif, vient contrebalancer celle de Claude Rains, qui donne l'image d'un prince Jean dégénéré et efféminé.

On voit donc que les figures historiques ont rapidement glissé vers des archétypes. Le décor est posé, l'action dramatique peut se mettre en place. Le roi, d'autant plus idéalisé qu'il est lointain, représente l'ultime recours. Son retour triomphal marquera l'apothéose du récit. Le chevalier déshérité (Robin) s'installe dans un rôle de justicier masqué et de leader charismatique. Ces hommes du petit peuple composent une galerie de figures pittoresques.

L'usurpateur endosse le rôle du grand méchant, escorté d'exécuteurs de basses œuvres qui sont autant de figures convenues.

Romans ultérieurs et films feront un amalgame de situations historiques postérieures plus ou moins analogues. Il faut citer, par exemple, la jacquerie de 1381 dans l'Essex et le Kent, conduite par le prêtre John Ball et l'ouvrier Wat Tyler, et d'autres encore jusqu'au milieu du XVe siècle, à l'occasion desquelles surgissent de temps à autre des meneurs dont le patronyme rappelle celui de Robin Hood. Certains commentateurs font une grande place dans cette généalogie aux révoltes populaires en Écosse à la fin du XIIIe siècle. Ils vont parfois jusqu'à en déduire que Robin Hood serait un héros écossais (Scott Allen Nollen)... Il est vrai que certaines chroniques écossaises sont parmi les premières à avoir cité le nom de notre héros, et que c'est un auteur écossais, John Major, qui a situé le premier (en 1521) Robin à l'époque de Richard Ier. Cela atteste tout au plus que la popularité du héros de Sherwood dépassait dès le XVIe siècle la stricte sphère anglaise. Le rapprochement opéré entre Robin Hood et les deux héros calédoniens de la fin du XIIIe siècle, William Wallace et Robert Bruce, joue plutôt dans le sens d'une mise en conformité à des archétypes. Le cinéma s'en souviendra quand il abordera ces personnages.

Chapitre 3

LE MYTHE DE LA *MERRY ENGLAND* ET LE MÉDIÉVALISME DANS LA CULTURE MODERNE

Dans la culture anglaise, « aucune coupure visible ne sépare ce qu'on est convenu d'appeler le Moyen Âge des Temps modernes. Dans la mémoire collective, le premier lègue, positivement, le souvenir de communautés villageoises cohérentes sous la tutelle parfois paternaliste de seigneurs, des cathédrales gothiques et de la foi la plus profonde, d'une institution monarchique nationale, certes autoritaire, mais associée à un Parlement plus ou moins périodiquement réuni, et respectueuse des lois et coutumes, d'une nation qui a su amalgamer les apports extérieurs au fonds saxon et se doter de la langue originale qui exprime son génie. Ce bilan idyllique nourrira les nostalgies romantiques » (Roland Marx).

Le *Gothic revival*

La mode du Moyen Âge va s'emparer de l'Angleterre tout au long du XIXe siècle et aboutira à la création d'un mythe dont les films sur Robin des Bois vont hériter : celui de la *merry England*, mythe qui n'a pas d'équivalent exact dans la culture française en dépit des efforts de quelques romanciers ou des peintres « troubadours ». L'Angleterre n'avait pas vécu, à la fin du XVIIIe siècle, les ruptures et les conflits historiques et idéologiques que connut la France révolutionnaire. Elle a ignoré, en particulier, la lutte qui opposa âprement, jusqu'en 1905 au moins, l'Église et l'État. C'est dans d'autres conditions qu'elle se tourna vers son passé médiéval : l'affirmation d'une identité nationale était prépondérante à l'époque des conflits européens provoqués par Napoléon, puis de l'expansion impériale. Dans la première moitié du XIXe siècle, la référence à la vie médiévale se rencontre dans tous les arts, dans tous les secteurs de la vie sociale : des idéologues sociaux et politiques font l'éloge des idéaux et des modes de vie médiévaux. Ce mouvement conduira par exemple à la mode des tournois reconstitués, comme celui qui fut organisé à Eglinton en Écosse le 28 août 1838. Il affecte la vie quotidienne par le biais de ce que l'on a appelé le *gothic revival*. Meubles, tissus, décors intérieurs, se mirent à la mode moyenâgeuse sous l'impulsion d'artistes comme William Morris. Le mouvement « gothique » anglais était d'esprit nationaliste et se présentait comme une réaction contre l'art et l'architecture inspirés par la civilisation gréco-romaine. Le Parlement de Londres en est le témoin le plus évident. Peu à peu, les héros venus du Moyen Âge comme Arthur, Ivanhoé et Robin Hood vinrent remplacer ceux de l'Antiquité classique. À côté des architectes, des décorateurs et des romanciers, une école de peinture connut une grande popularité et devint un modèle de référence pour l'iconographie moyenâgeuse : les fameux peintres préraphaélites – Dante-Gabriel Rossetti, Edward Burne-Jones, Aubrey Beardsley, James Archer –, leur style et les sujets qu'ils ont traités ont exercé une influence directe sur le cinéma naissant, qui se reconnaît bien au-delà dans le cinéma hollywoodien et jusqu'à un film comme *Excalibur*.

• L'influence de la peinture victorienne et édouardienne

Ce qu'on a baptisé le « médiévalisme victorien » est évidemment aussi, une réaction nostalgique contre les nouvelles contraintes de la révolution industrielle et le positivisme triomphant. Le Moyen Âge qu'ils imaginent est un Moyen Âge rêvé. L'harmonie y régnait entre les êtres et les choses. L'homme y avait trouvé sa juste place dans l'univers ; il n'était pas en conflit avec la nature qu'il ne cherchait pas à dominer par la technique. Les hommes y respectaient les codes de loyauté et d'honneur et étaient capables d'actions héroïques. Ils savaient respecter celui qui les vainquait en combat singulier, dans la mesure où il avait observé les règles. Porter secours aux plus faibles, ne pas s'occuper de soi-même, était dans la nature même du chevalier. Le courage, la fidélité à la parole donnée, la générosité ne se concevaient pas sans la foi chrétienne. Cet univers fantasmé allait inspirer un code de comportement dans la noblesse victorienne. C'est ce que l'historien Marc Girouard a appelé le « retour à Camelot ». L'idéal chevaleresque fut proposé comme modèle pédagogique aux futurs gentlemen auxquels le Prince Noir, Saint-Georges et d'autres, allaient servir de paradigmes. Ce modèle se trouva actualisé au début du XXe siècle par certaines figures de héros : le capitaine Oates pendant l'expédition de Scott au pôle Sud, les gentilshommes du Titanic aidant les dames à monter à leur place dans les canots de sauvetage, en attendant les « chevaliers des airs » de la Grande Guerre…

Les scènes de ripaille

En 1839, Daniel Mac Lise peignit une grande toile aujourd'hui accrochée au château de Nottingham : *Robin Hood Entairtaining Richard the Lionheart in Sherwood Forest*. Elle illustre un des chapitres les plus célèbres de l'*Ivanhoé* de Walter Scott (publié en 1819) : Robin, au milieu de ses compagnons, boit à la santé du roi Richard, sans savoir que le croisé inconnu qui a pris place parmi eux est Cœur de Lion lui-même. Le tableau montre, sous les frondaisons de chênes séculaires, des groupes de compagnons joyeusement avachis au milieu de la vaisselle, des trésors amassés et des mets divers. Au centre, vêtu d'une tunique rouge et le capuchon sur la tête, Robin porte un toast. Un chevalier est assis sur le sol, appuyé à un tronc, le haubert recouvert de la tunique blanche à croix rouge, une couronne scintillante sur la tête, son épée sous son bras gauche. À gauche de cette composition, un autre chêne abrite un groupe de personnages. On y reconnaît Petit-Jean (un géant demi-nu portant un daim sur son épaule, tel un Hercule rustique) ; frère Tuck, avachi par terre, accoudé à un tonneau, tout à fait dionysiaque ; et le serf Wamba, en train de souffler dans le cor que Robin confiera à Richard pour s'en servir en cas de besoin (ce qui ne manquera pas d'arriver plus tard). Au passage, il faut remarquer la résurgence de motifs iconographiques venus de la mythologie classique. À une époque (1830) où le fossé entre les classes s'élargissait, le tableau du festin dans la forêt présente le fantasme d'une société réconciliée. La camaraderie fraternelle d'une société d'hommes et la gaîté générale font tomber toutes les barrières. La scène se déroule dans une nature atemporelle, bien éloignée de la réalité de la société industrielle en train de se construire. Le vin coule à flots, les mets semblent inépuisables : c'est une réactualisation du pays de Cocagne, mythe compensatoire dans une époque de restrictions (Jeffrey Richards).

Cette scène se retrouvera dans les films pour lesquels elle constitue un « passage obligé ». Il est intéressant de voir qu'elle est adaptée chaque fois d'une manière différente. On ne la trouve pas telle quelle dans le film de Fairbanks (1922), qui montre néanmoins plusieurs scènes de la vie des proscrits dans la forêt de Sherwood. Robin a établi là son repaire, dans une grotte dont les parois ont été ornées de lions peints, auprès d'une source. Vers la fin du film, un chevalier mystérieux se présente dans cette clairière. Il est défié dans un combat au bâton par frère Tuck. Il gagne une première fois... Robin lui propose alors un concours à l'arc, que le chevalier remporte aussi. Il est alors reconnu et acclamé. La scène du festin dans la clairière n'a pas été retenue, sans doute parce que Richard participait déjà à un banquet dans la première partie du film, au château avant le départ pour la croisade. Le comte Huntington, futur Robin des Bois, y était présent. Au milieu des agapes, il jouait au bras de fer avec Richard. Puis celui-ci, lassé de ses faux-fuyants quand il lui parlait mariage, le livrait aux filles. On peut donc considérer que la scène attendue avait été anticipée et déplacée à la Cour ; les aristocrates, d'ailleurs, s'y conduisaient comme de vrais plébéiens. Dans l'adaptation d'*Ivanhoé* par Richard Thorpe (1952), Locksley et ses compagnons n'ont qu'un rôle auxiliaire et Richard n'apparaît que dans les dernières minutes, au moment du jugement de Dieu qui doit décider du sort de la juive Rebecca.

C'est dans le film de Michaël Curtiz de 1938 que les scènes de ripaille dans la clairière prennent toute leur ampleur. Les scénaristes ont jugé bon de découpler la scène en deux séquences. Dans la première, qui est la plus proche de l'esprit du tableau de Mac Lise, Robin et ses compagnons ont tendu une embuscade à un convoi de victuailles et d'or, escorté par sir Guy et le shérif de Nottingham. Ils les conduisent dans la clairière et les invitent à leur repas, une sorte de vaste barbecue en plein air. Ils ont installé des bancs devant de longues tables en planches (les convives ne sont donc pas couchés au sol comme chez Mac Lise). Il faut manger du gibier grillé avec les doigts et boire du vin dans de grands hanaps. Lady Marianne, qui faisait partie du convoi, se montre au début fort crispée par les manières de ces rustres. L'atmosphère bon enfant, les plaisanteries plus ou moins fines des compagnons, n'auront pas raison de la morgue des Normands ; mais la jeune femme se montrera sensible à l'argumentation « sociale » de Robin qui lui désigne les pauvres victimes des seigneurs qu'il secourt par ses rapines. C'est une longue séquence, aux multiples centres dramatiques : on y surprend le gros shérif qui met entre parenthèses son respect humain et assouvit son appétit ; on y voit Much faire la cour à la vénérable duègne qui accompagne lady Marianne ; on s'y moque de la grise mine de sir Guy qui a été contraint à revêtir des guenilles, ce qui provoquera le rire de la jeune femme ; l'action principale est autour de Robin et Marianne, le hors-la-loi faisant une cour soutenue à sa compagne et ironisant quand elle essaie de se cacher pour manger une cuisse de poulet. Enfin, dans tous les coins, maints compagnons s'activent, s'empiffrent, portent des toasts, dans une ambiance joyeusement décontractée.

Richard n'apparaît pas dans cette scène, mais beaucoup plus loin, dans un épisode qui reprend celui du film de Fairbanks : la reconnaissance dans la forêt. Le roi s'est un peu éloigné de son aspect bon vivant et fraternel. Il est devenu plus abstrait. Mais la valeur de la scène de la *merry England* dans la forêt reste inchangée. On la retrouve, d'ailleurs, dans de multiples suites, tant elle est devenue un élément intrinsèque de la légende.

Si les signifiants de la scène restent globalement les mêmes que dans le tableau victorien, il est clair que la signification ne saurait être exactement la même, cent ans plus tard. Le « pays de cocagne » de la forêt de Sherwood, dans un film de 1938, doit être mis en rapport avec le contexte de l'Amérique rooseveltienne, comme l'a fort bien indiqué Olivier Eyquem : « Dans l'optique communautaire et altruiste de la Warner des années 30, Robin se doit d'être soutenu par une constellation de personnages secondaires. Ses *Merry Men* forment une bande comparable à celles qui peuplent la plupart des films de l'époque. Le public de l'ère rooseveltienne se reconnaît dans leur américanité [...] La vacance du pouvoir – dans la légende –, la crise – dans la réalité américaine –, engendrent des "zones" où se regroupent les économiquement faibles. Déracinés, ceux-ci cherchent à réunir leurs forces [...] Les plus actifs fondent un phalanstère provisoire destiné, comme les communautés éphémères du New Deal, à se dissoudre dès que la situation reviendra à la normale. »

Le « médiévalisme »

Le « médiévalisme » fonctionne au cinéma, tel que le définit Kevin J. Harty comme « la tentative, aussi vieille que le début de l'âge moderne ou la Renaissance, de revisiter ou réinventer le monde médiéval pour servir des intentions contemporaines ».

• Umberto Eco

Umberto Eco s'est naguère appliqué à recenser, dans un certain désordre, neuf « Moyen Âge » dans notre culture. Ce sont : le Moyen Âge comme *prétexte*, quand l'époque n'est qu'un cadre commode à des aventures qui pourraient se dérouler n'importe où ailleurs ; le Moyen Âge *revisité*, où l'on « se tourne vers l'imaginaire d'une époque passée, vue justement comme passée sans retour, pour ironiser sur nos rêves et sur ce que nous ne sommes plus », comme Sergio Leone l'a fait pour l'Ouest américain ; le Moyen Âge comme lieu *barbare* (par exemple celui de l'*heroic fantasy*) ; le Moyen Âge *romantique*, qui correspond à la veine « gothique » évoquée ci-dessus ; le Moyen Âge de la *philosophiaperennis*, selon laquelle l'homme est inchangé et ses sentiments sont éternels ; le Moyen Âge des *identités nationales*, celui de Scott et des « libérateurs » ; le Moyen Âge à la Viollet-le-Duc, celui de la *restauration* ; le Moyen Âge des historiens, celui des annales ; enfin, le Moyen Âge syncrétique, *ésotérique*, qui voit dans toutes ses traditions « le déroulement d'une seule et même histoire initiatique ». De son côté, Christian Amalvi a simplifié l'étude des utilisations idéologiques, culturelles, politiques, sociales et religieuses de l'idée de Moyen Âge en France depuis le Romantisme, dans une antithèse en diptyque. Elle peut nous servir à étudier le cas de Robin des Bois, en élargissant avec prudence ses conclusions à toute la culture occidentale.

D'un côté, donc, le Moyen Âge obscurantiste de la tradition des Lumières, repris en partie par l'enseignement laïque et républicain, qui sert de repoussoir aux progrès modernes (postérieurs à la Révolution) ; de l'autre, le Moyen Âge attrayant, qui correspond d'abord aux nostalgies cléricales et contre-révolutionnaires, avant de changer radicalement d'orientation dans les dernières décennies. Aujourd'hui, en effet, le discours savant a disqualifié le recours à l'image des « ténèbres médiévales », et l'a relégué à l'évocation de sociétés caractérisées par l'intolérance religieuse ou l'archaïsme sociologique.

Pour ma part, j'ai naguère proposé les rubriques suivantes pour une typologie des « usages » du Moyen Âge au cinéma. D'abord, le Moyen Âge comme réservoir de personnages et de situations romanesques, qui est élaboré en un corpus semblable à celui des motifs et des thèmes de la littérature populaire. Ensuite, une détermination psychologique, proche sans doute de la première, et qui tient en un mot : « enfance ». Cela signifie d'abord que le Moyen Âge est perçu comme l'enfance des sociétés occidentales ; mais surtout, qu'il demeure un espace ludique fantasmé, qui réactive en chacun de ses spectateurs les schémas d'initiation, de socialisation, d'aventure, qui sont au cœur de l'enfance. Cet aspect est majeur dans le cas de Robin des Bois.

L'utilisation *idéologique* du Moyen Âge par les sociétés modernes est déterminante, puisqu'il s'agit d'événements fondateurs dans lesquels les nations trouvent prétexte à se justifier. Enfin, la fiction moyenâgeuse est prétexte à exprimer des nostalgies d'ordre moral ou idéologique : celles d'une société homogène, consensuelle, sans préoccupation de l'avant ni de l'après ; ou celle d'un refuge du refoulé des sociétés contemporaines, où se seraient exprimés librement la violence, le sexe, l'irrationnel.

La légende de Robin des Bois pourrait émarger à chacune de ces rubriques, tant elle s'est accrue en complexité au long des siècles. Il faut donc commencer par ce qui est à la racine de l'instrumentalisation moderne du Moyen Âge : Walter Scott et ses épigones, qui ont fait de Robin un héros « national ».

Chapitre 4
UN HÉROS NATIONAL

Errol Flynn bondissant, dans le film de M. Curtiz Les Aventures de Robin des Bois *(1938).*

Un héros d'abord régional

Celui qui a durablement fixé notre idée du Moyen Âge est un romancier écossais, un nationaliste qu'admiraient Balzac et les Romantiques français : Walter Scott, « l'inventeur de notre Moyen Âge », comme l'a nommé Bernard Noël dans une préface à son roman modèle : *Ivanhoé*.

Mais le mouvement était en marche qui était en train de transformer un héros « local » en héros patriotique. Une première étape décisive avait été franchie lorsque Joseph Ritson publia en 1795 une série des anciennes ballades. Le recueil connut d'innombrables éditions tout au long du XIXe siècle. Ritson avait assorti son édition d'une *Vie de Robin Hood* en forme de préface qui eut une grande influence. Partisan de la Révolution française, il n'insistait pas sur la dimension raciale de son héros saxon, bien qu'il désignât les Normands, ses adversaires, comme des tyrans. Il voyait plutôt Robin comme « un symbole fort de la lutte contre le passé » (Stephen Knight, 1995). Néanmoins, il s'efforçait de reconstituer une généalogie imaginaire de son héros qui le faisait remonter jusqu'à Judith, nièce du Conquérant (donc, un Normand). Ce fut donc Walter Scott qui « racialisa » la situation. Le paradoxe a voulu que le chantre des héros écossais, l'auteur de *Rob Roy*, ait été celui qui introduisit la dimension nationaliste dans la geste du héros de Nottingham. Stephen Knight a bien résumé la question : « Quand il se tourna vers l'histoire anglaise pour trouver un public plus large avec son *Ivanhoé* en 1820, Scott utilisa un modèle à base raciale du conflit et de l'héroïsme national. Ivanhoé était un gentleman saxon qui triomphait, grâce à sa vertu naturelle, des Normands bestiaux, incarnés par le personnage de Front-de-Bœuf. Ivanhoé est assisté par Locksley, un archer illettré, qui finalement confesse au roi Richard qu'il est Robin Hood. Il semble que ce bon conservateur qu'était Scott en savait trop sur la force radicale qu'avaient prise les actions de Robin Hood en Écosse (par exemple les émeutes de 1561 à Édimbourg) pour en faire davantage qu'une figure secondaire. » Il fut néanmoins le premier à l'introduire dans un grand ensemble narratif, dépassant l'émiettement des ballades et de la geste connues jusqu'alors. Le thème du conflit de nationalités lui servit de cadre et de principe de mise en ordre cohérent. Dans le premier chapitre, le tableau de l'époque contient ces lignes : « Parmi les conséquences de la conquête de l'Angleterre par Guillaume duc de Normandie, une surtout tendit à aggraver la tyrannie de la noblesse et les souffrances des classes inférieures. Quatre générations n'avaient pas suffi à mêler le sang ennemi des Normands et des Saxons, à réunir, par la conformité de la langue et des intérêts, deux races hostiles, dont l'une éprouvait encore toute l'ivresse du triomphe tandis que l'autre gémissait sous le poids de la défaite. » Ce tableau est largement fantasmatique : il semble bien qu'en réalité, le conflit des Normands et des Saxons s'était dissous depuis quelques dizaines d'années au moment des rois angevins.

C'est autour d'une affaire matrimoniale que le conflit se cristallise : Ivanhoé aime Rowena, la pupille de son père Cédric ; mais elle a été promise par ce dernier à Athelthane, le prince héritier des Saxons. Le roman se conclut sur une réconciliation. Richard bénit l'union de Wilfried d'Ivanhoé et de Rowena : « une promesse de paix future et d'harmonie entre deux races, lesquelles, depuis cette époque, ont été si complètement mêlées que la distinction entre elles deux est devenue complètement invisible ». Dans ce roman, Robin est très présent dans les scènes d'action mais n'occupe qu'une position d'auxiliaire dans la fiction.

Éveil des nationalismes et après-Révolution française : une nouvelle inflexion

Écrit peu avant *Ivanhoé*, mais publié seulement en 1822, le roman de Thomas L. Peacock, *Maid Marian*, est le premier de l'ère moderne à avoir choisi le hors-la-loi pour protagoniste principal. L'auteur définit lui-même son roman comme « une romance [au sens anglais, N.D.A.] comique du XIIe siècle, ... véhicule d'une satire oblique de toutes les oppressions qui existent sous le soleil ». Stephen Knight indique que ce progressiste assimile les Normands avec les *Tories* de son époque, et fait des Anglo-Saxons et de Robin les symboles de la liberté. Avec lui, Robin devient un « héros national et libéral », ce qu'il restera jusqu'à nos jours. Quant à la dimension comique et satirique, elle sera aussi une constante pendant plusieurs décennies. Ce n'est que récemment que l'on se mettra en tête de prendre cette histoire au sérieux. Enfin, Peacock plaça la romance de Robin et de Marianne au centre de l'action. Cela devait assurer le succès de sa version, qui fut plusieurs fois portée à la scène au long du XIXe siècle. D'autres écrivains s'emparèrent de la légende de Robin comprise comme l'expression d'une « ironie politique basée sur la nostalgie du passé » (S. Knight), les plus connus étant John Keats (1820) et Alfred Tennysson (1882). La dimension nationaliste est toujours présente dans ces œuvres : la partie la plus connue du poème de Tennysson est le chant *There is no Land like England*.

L'*Ivanhoé* de Walter Scott

La première adaptation de l'*Ivanhoé* de Walter Scott fut réalisée en 1913 en Angleterre par le cinéaste américain Herbert Brenon. Cet *Ivanhoé* s'inscrit dans l'histoire du cinéma comme une réponse de l'Amérique aux premiers films historiques italiens. Il représente une bonne synthèse des traditions européenne et américaine à la veille de la Première Guerre mondiale. Dans cette intrigue à portée plus romanesque que nationaliste, Robin des Bois occupe une place clé sur le plan narratif, alors même qu'il n'a qu'un rôle d'auxiliaire dans l'action principale, conformément à son modèle romanesque. Lorsque Cedric et Rowena sont enlevés par les sbires du prince Jean, tandis que Rebecca et son père Isaac d'York sont emmenés en lieu sûr par le porcher Gurth dans la forêt, Ivanhoé se lance à la recherche des disparus. Il va demander du secours aux hommes de Robin afin de l'aider à les enlever du château de Torquilstone où ils ont été enfermés. À ce moment, surgit dans la clairière un mystérieux cavalier noir. Robin et frère Tuck le reconnaissent aussitôt : c'est Richard. Mêlé aux compagnons de Robin, le héros prête serment au roi. Ce dernier participera, incognito, au siège du château avec les *outlaws*. Robin disparaît ensuite du film, où il ne sera apparu qu'une séquence, mais en un moment clé du récit.

Dans l'adaptation d'*Ivanhoé* par Richard Thorpe (1952), Robin a un rôle plus important où il n'est nommé que Locksley, comme dans le livre. Il est présent avec ses hommes parmi les spectateurs du tournoi d'Ashby où Ivanhoé triomphe sous les apparences d'un chevaliers noir aux armes muettes. Les hors-la-loi sont mêlés au peuple, debout contre les barrières, se cachant dans la foule. Ils approuvent la bravoure du chevalier qui ose affronter les champions normands. Locksley rendra d'ailleurs visite au blessé veillé par Rebecca à Sheffield. Il viendra ensuite avec ses hommes prendre une part décisive au siège du château de Torquilstone : le cor légendaire sert ici à rassembler ses partisans. On le retrouve, enfin, au moment où la rançon destinée à délivrer le roi Richard est réunie. On se souvient que l'essentiel de celle-ci a été fournie par la communauté juive, sur l'incitation d'Isaac ; mais Locksley apporte aussi la contribution des *merry men* de la forêt. Ce hors-la-loi est donc un parfait patriote, qui ne se contente pas ici de prendre aux riches pour donner aux pauvres, mais qui aide à la délivrance de son suzerain après avoir contribué à celle des captifs saxons enlevés par l'usurpateur. Cependant, le propos principal de l'*Ivanhoé* de Thorpe ne se situe pas là. C'est l'intrigue qui se noue autour de Rebecca (amoureuse du chevalier Ivanhoé, elle acceptera de s'effacer devant la Saxonne) qui rencontrait un écho particulier au lendemain de la Deuxième Guerre mondiale. Le film multiplie les références à la situation des Juifs persécutés, pour conclure en présentant l'Angleterre de Richard Cœur de Lion comme une terre d'asile. Au-delà de l'hommage rendu à la Grande-Bretagne résistante, il est facile de transposer ce discours aux États-Unis : *Ivanhoé* renvoyait à la fois à la guerre qui s'était achevée et à la guerre froide qui battait alors son plein.

Que fait le cinéma de cette donnée ?

La transposition dans les films de la « question nationale » telle que la proposait le roman de Scott ne s'est pas faite mécaniquement. Qu'en est-il du sens à donner à l'histoire de Robin des Bois ? Sera-t-il, au cinéma, un héros national exclusivement britannique ?
Il est vrai que les tout premiers films consacrés à notre héros sont des films anglais. Le premier dont on ait la trace, *Robin Hood and His Merry Men*, a été tourné en Angleterre par Percy Straw pour le compte de Clarendon. Il développait deux thèmes : les amours de Robin et Marianne, et les hors-la-loi sauvant un compagnon du gibet. Il en irait de même de *Robin Hood outlawed*, réalisé en 1912 par Charles Raymond. Du reste, dès cette date, on voit des cinéastes américains s'intéresser au sujet (par exemple un film Kalem de 1908), et même un réalisateur d'origine française, Etienne Arnaud, héraultais de naissance et ancien de chez Gaumont, réaliser pour Eclair/USA un *Robin Hood* en 1912.

• La question nationale dans les films hollywoodiens

Même si les films sont américains, on se déplace en Angleterre pour les tourner. Nous l'avons vu sur l'exemple de l'*Ivanhoé* d'Herbert Brenon, tourné en décors réels au château de Chepstow. De même en 1913, *In the Days of Robin Hood* de Theodor Marston, une production Kinemacolor, fut réalisé sur le sol britannique. Cette tradition s'est maintenue durablement, comme si le fait de filmer sur les lieux conférait un surplus d'authenticité aux films. Ainsi, pour l'*Ivanhoé* de Thorpe, les producteurs prirent soin de conférer une coloration « européenne » à leur production : faute de tourner tout le film en

Angleterre, on réalisa la séquence-prologue dans les Alpes autrichiennes ; surtout, ils choisirent des acteurs britanniques pour certains rôles : George Sanders, qui interprète Bois-Guilbert, et Joan Fontaine, lady Rowena. Mais la distribution des accents apparaît ici un peu aléatoire, puisque l'un de ces personnages est normand et l'autre est une princesse saxonne...

Il faut donc bien convenir que le cinéma, surtout le cinéma américain, a pris avec une certaine distance le thème du conflit des nationalités. Non pas qu'il l'ait totalement éliminé, bien au contraire ; mais il en a plutôt retenu une idée générale, une sorte de thème cadre, susceptible de porter un autre propos. On en a la preuve par le fait qu'à un antagonisme ethnique peut aisément, dans les films, être substitué un autre. Ainsi, dans les films adaptant la légende d'Arthur, on rencontre l'opposition des Bretons et des envahisseurs saxons – lesquels se retrouvent ici dans le mauvais rôle. Et pourtant, les films sont contemporains de ceux qui mettent en antithèse les mêmes Saxons et les Normands. *Les Chevaliers de la Table Ronde* du même Richard Thorpe a été tourné en 1953, un an après son *Ivanhoé*. On se trouve en face d'un élément structurel vidé de son contenu d'origine et librement réinvestissable : des envahisseurs arrogants et un peuple « indigène » victime de l'oppression et sûr de son bon droit. L'idée de la rébellion contre un envahisseur tyrannique a beaucoup alimenté l'imaginaire américain. Mais il est délicat de donner un nom à ces ennemis occultes, dont l'identité implicite est changeante au gré des circonstances historiques. On peut tout aussi bien y reconnaître les Allemands de l'Europe nazie que les Soviétiques de la guerre froide, aidés par les ennemis de l'intérieur... (D'où le thème important du complot, représenté par les Templiers dans *Ivanhoé*.)

La thématique de la réconciliation des nationalités composantes de la future nation britannique avait toutes les chances de rencontrer un autre thème cher à la culture américaine, celui du melting pot illustré particulièrement par le *Robin des Bois* de Curtiz, fidèle en cela à la conclusion de Walter Scott. La séquence d'ouverture, par le moyen d'un texte déroulant puis d'une scène de crieur public, met en place une série d'oppositions : Saxons/Normands, loyaux/traîtres, pauvres/riches, forêt/château. L'épopée de Robin Hood peut être interprétée comme la résistance saxonne à la conquête normande. Il faut glaner des répliques et des microsituations qui y font allusion. Dans la première scène du banquet au château où Robin fait irruption, le prince Jean lui lance, sarcastique : « Quoi de neuf, jeune coq saxon ? » (*And what about my young Saxon cokerel here ?*) À la première rencontre de Robin et Marianne, lors du guet-apens dans la forêt, la jeune femme rétorque à son ravisseur : « Qu'est-ce qu'un Saxon voleur de grands chemins peut connaître du charme des femmes ? » Mais plus loin, Robin lui ayant montré une série de pauvres malheureux, elle s'étonne de trouver parmi eux un Normand malade que les *outlaws* ont soigné. « Je ne peux pas comprendre… vous, un Saxon… ? » Réponse de Robin : « Saxon ? Normand ? Où est la différence ? Nous sommes tous des Anglais ! C'est l'injustice que je hais, non les Normands ! » (*We're all Englismen ! It's injustice I hate, not the Normans !*) Le caractère œcuménique du héros va aller en s'accentuant au long du film, effaçant l'éventuelle revendication ethnique que l'on aurait pu y croire inscrite. Dans le duo, quand Robin proscrit vient quand même retrouver Marianne dans sa chambre, il lui lance cette épithète : « *My bold Norman beauty* » (ma hardie beauté normande), apostrophe qu'elle récuse ; il se défend en disant, magnanime : « Mais vous êtes une Normande. Je ne dis pas cela contre vous. Et vous êtes une beauté ! » Vers la fin du film, on voit Marianne se révolter contre sir Guy en ces termes : « J'ai honte d'être normande quand je vois ce que mes compatriotes ont infligé à l'Angleterre ! Au début, je ne voulais pas le croire, je ne voulais pas admettre que les horreurs que vous infligez aux Saxons n'étaient ni justes ni légales ! Mais je remercie Dieu de m'avoir ouvert les yeux ! » Ainsi, la jeune Normande, telle un « héros positif » du réalisme socialiste, prend conscience et choisit le bon camp. Mais nous savons qu'à la fin du film, Richard scellera la réconciliation nationale. Au temps de Roosevelt, l'optimisme est de mise au pays du *melting pot* (où l'on ne parlait pas encore de communautarisme). La tolérance est à l'ordre du jour entre les diverses composantes qui forment la nation américaine comme jadis fut forgée l'anglaise.

• Le réveil du thème national dans les suites plus récentes

Ce n'est que dans des suites plus récentes que le thème du réveil national fait sa réapparition.
Dans le récent *Robin Hood* de John Irvin (1995) produit par la Fox, ce thème ethnique structure dans une large mesure toute l'intrigue. Robert Hoode, noble saxon, protecteur des serfs et défenseur des braconniers, s'oppose au Normand Folcanet, vassal du baron Daguerre, qui se prétend seigneur de ses terres et auquel est promise la jeune Marianne. Celui-ci est en constant désaccord avec son suzerain qui respecte les anciens usages, alors que lui voudrait appliquer avec une stricte sévérité la nouvelle loi normande. Il fait ainsi crever les yeux à un malheureux braconnier et voulait faire fouetter Robert qui l'avait fait évader. En représailles, le héros est banni et ses terres sont confisquées. C'est ainsi qu'il rejoint les proscrits dans la forêt. Ce sont des petits paysans, des artisans, des chasseurs et un clerc, dont il devient le chef. Il les organise et décide de lever les taxes pour donner l'argent aux plus pauvres. « Le jour viendra où nous serons tous unis, égaux et libres », prophétise-t-il. La plus grande partie du film est employée à ces entreprises. Le prince Jean n'intervient que dans le dernier tiers. Il se fait héberger au château du baron Daguerre et annonce son intention de faire respecter les droits féodaux, « sans lesquels l'Angleterre retournerait à l'anarchie des jours anciens » ; « je ne laisserai aucun Saxon narguer les Normands », assène-t-il. À la conclusion, le baron tombe à genoux devant Robert (devenu Robin Hood) et lui jure fidélité : « Vivons unis dans cette île…

Nous célébrerons un mariage Saxons/Normands. » Mais il n'y a pas de Richard Cœur de Lion pour remplir la fonction de médiateur dans cette version. Les proscrits ont dû compter sur leurs propres forces, sous la conduite de leur leader, pour faire basculer le sens de l'histoire.

La même année, Mel Gibson produit et interprète *Braveheart*, qui retrace le destin du libérateur de l'Écosse à l'extrême fin du XIIe siècle. La référence à la geste de Robin des Bois s'impose comme intertexte. Wallace est une réincarnation du héros de Sherwood. Il est aussi un proscrit, un chef démocratiquement choisi par ses pairs. Lui aussi aura pourtant ses entrées chez ses ennemis (il connaît une idylle avec la princesse française Isabelle), ce qui le marque d'un signe distinctif. Ses motifs sont analogues : il considère le roi Édouard comme un usurpateur, puisqu'il a déposé le roi légitime de l'Écosse, John de Balliol. Mais Mel Gibson va forcer le trait : l'Écosse qu'il présente est un véritable pays occupé par une armée étrangère. Wallace sera donc

Mel Gibson, acteur principal et réalisateur du film Braveheart *(1995).*

chez lui plus proche d'un leader tiers-mondiste que du sympathique révolté de Sherwood. Cependant, on s'est cru obligé de lui ajouter une motivation d'ordre privé, qui ressemble fort à celle que Kevin Costner a inventée pour son Robin des Bois : son père aussi a été tué lors d'une précédente révolte, et sa fiancée est morte à la suite d'un viol par un soldat anglais.

La réalisation se situe esthétiquement entre *Highlander* et *Danse avec les loups*. Les héros sont des sauvages aux longs cheveux embrouillés, plus ou moins dépenaillés, le visage marqué et crasseux, la morphologie sculptée par les séances de musculation. Nous sommes dans la régression « barbare » qui caractérise la fiction historique des années 90 aussi bien que l'*heroic fantasy*. Des pauvres masures en torchis, au ras du sol, servent de tanière aux Écossais, sous un climat pluvieux et hostile. Le film semble jouer au deuxième degré sur les codes du genre. Plusieurs d'entre eux sont empruntés au western. Pillages du village, guet-apens dans une gorge, peintures de guerre sur le visage, renvoient aux révoltes indiennes, telles que le western moderne les a présentées, et il n'est pas impossible de comprendre ce film comme une transposition permettant de soulager la mauvaise conscience américaine.

Il s'agit donc, en surface tout au moins, d'une révolte ethnique. Le cinéma américain se paie ici le luxe de proposer une relecture de l'histoire. Les Anglais sont systématiquement dépréciés, alors que les Irlandais sont des alliés des Écossais : c'est sans doute une prise de position en faveur de la dévolution des pouvoirs aux parlements régionaux, processus alors en cours dans le Royaume-Uni.

Braveheart réussit ce tour de force de récrire l'histoire à l'envers, laissant croire au triomphe des vaincus, comme dans une sorte d'uchronie. La voix *off* de Robert Bruce conclut le film en annonçant une victoire et la liberté définitivement conquise par l'Écosse. Il est vrai que celle-ci sera proclamée indépendante vingt-trois ans plus tard, en 1328 ; mais on néglige soigneusement de laisser entendre ce qui se passera ensuite.

Chapitre 5
UN BANDIT SOCIAL

Les thèmes, national et ethnique, permettent d'en aborder d'autres, et notamment le thème social. C'est à sa personnalité sociale que le héros doit la meilleure part de sa popularité persistante à travers les siècles. « Prendre aux riches pour donner aux pauvres », cette formule, connue de tous, représente le noyau du programme symbolique de tous les Robins des Bois.

Celui-ci se présente dans la tradition comme une synthèse idéale du *yeoman* (paysan libre) et des valeurs séculaires de la chevalerie. Rodney Hilton voit en lui un « Gauvain populaire » : ce héros jouit d'un grand prestige dans la culture anglo-saxonne. Le Robin le plus ancien, lui, est issu du peuple. Il incarne un idéal de la classe des petits paysans (ceux qui se révolteront en 1381). Mais peu à peu, on en a fait un fils de seigneur qui a épousé le parti des petites gens. Cette alchimie lui permet de récupérer les valeurs chevaleresques dans ce qu'elles ont de meilleur, tout en lui assurant une intégration possible dans les classes dominantes, selon le désir des groupes sociaux en ascension à l'époque des Tudor. Dans la littérature du XIXe siècle, il occupera la position de médiateur que l'analyse de George Lukacs a parfaitement dégagée. De siècle en siècle, il se transforme en porte-drapeau successif des classes moyennes de chaque époque.

Passant au cinéma, il assume tout naturellement cette fonction dans un art de masse produit par des structures capitalistes, mais destiné aux couches moyennes de la population. L'identification du spectateur au héros demeure le ressort principal du spectacle. En ce qui concerne la naissance de Robin, noble ou non, les films balanceront entre les deux hypothèses. Dans celui de Fairbanks, le héros reste Robert comte de Huntingdon pendant toute la première moitié du film, avant de revenir sous le déguisement de Robin Hood ; mais l'attachement à ce thème de la double personnalité est en bonne partie une préoccupation propre à Fairbanks. Dans le film de Curtiz, à l'inverse, on découvre sur le tard que Robin Hood est en réalité Robin de Locksley. Mais plusieurs films des années 50 (par exemple, celui de Ken Annakin en 1952) ainsi que les séries télévisées, en font un simple forestier. Quoi qu'il en soit, le Robin classique est perçu comme un homme du peuple dont la noblesse est « naturelle ». Il est certain que son image s'est trouvée contaminée par celle des justiciers prolétariens dont le cinéma des années 10 et 20 a été friand, comme Zorro, Tarzan, ou Guillaume Tell.

Le modèle général du bandit d'honneur

La dimension emblématique du héros de Sherwood est indiquée on ne peut mieux par Eric Hobsbawm. Cet historien, auteur d'un livre de référence sur les bandits (*Bandits*, 1985), écrit en tête de son chapitre 3 : « Le brigand au grand cœur, symbolisé par Robin des Bois, est le type de bandit le plus célèbre et le plus universellement populaire, celui qui revient le plus dans les ballades et les chansons. » Mais c'est pour ajouter, en historien, que ce n'est pourtant pas le type de bandit qui a été le plus répandu dans la réalité.

Le livre d'Hobsbawm est consacré à l'étude d'une forme particulière du banditisme, qui a disparu des pays développés vers 1940, et qui connut son apogée entre les XVIIIe et XIXe siècles. Dans le panorama planétaire que l'historien anglais propose, reviennent plus particulièrement des zones comme l'Andalousie, la Sicile, les Balkans, l'Inde et le Brésil, soit des zones marginales du monde développé. Le bandit, tel qu'il l'envisage, est lié à la société rurale traditionnelle. Il définit ainsi le rôle que ces bandits réels ont tenu : « En tant qu'individus, ce sont moins des rebelles politiques ou sociaux – ne parlons pas de révolutionnaires – que des paysans qui refusent de se soumettre et qui, ce faisant, se distinguent de la masse. » Leur « programme », si l'on peut dire qu'ils en ont un, « consiste à maintenir ou à rétablir l'ordre des choses "comme elles doivent l'être" dans les sociétés traditionnelles, comme on croit qu'elles ont été dans un passé réel ou mythique. Les bandits redressent les torts et corrigent ou vengent les injustices, selon des critères généraux de justice et d'honnêteté, dans les rapports entre les hommes en général et tout particulièrement entre les riches et les pauvres, les forts et les faibles. C'est là une ambition modeste, car ils laissent les riches exploiter les pauvres [...] et les forts opprimer les faibles »... Les bandits, nous apprend Hobsbawm, s'organisent en bandes de six à vingt hommes, pas davantage. Ils constituent rarement une armée très organisée. Ils peuvent être violents, mais ne sont pas criminels. Leur passage dans la clandestinité ne dure guère que deux ou trois ans : ensuite, ils rentrent dans le rang.

Les caractéristiques du « brigand au grand cœur »

Le « brigand au grand cœur » représente une sous-espèce plus ou moins mythique du bandit. Hobsbawm le définit par neuf traits dans lesquels nous reconnaissons beaucoup de ceux de Robin des Bois. Il a été victime d'une injustice qui a causé son passage dans la clandestinité. Il « redresse les torts ». Il « prend aux riches pour donner aux pauvres ». Il ne tue qu'en cas de légitime défense. Il n'est jamais coupé de la communauté rurale, qu'il réintègre pour finir. Celle-ci l'admire et le soutient. Il meurt uniquement parce qu'il a été victime d'une trahison. Il est « invisible et invulnérable ». Il ne s'oppose pas au roi, mais uniquement à des oppresseurs locaux.

Hobsbawm juge que ce portrait n'est pas que mythique : certains brigands historiques, comme Pancho Villa, ont illustré jusque dans le détail cet archétype. En revanche, en faire un « enfant de la nature » vivant uniquement sur ses propres moyens est une idée fausse : les bandes de brigands sont intégrées dans un circuit économique compliqué, et tout à fait réel.

Cependant, le bandit est aussi un symbole qui répond à une nécessité sociale. « Ils ne sont pas en mesure d'abolir l'oppression. Mais ils arrivent à prouver que la justice est possible et qu'il n'est pas nécessaire pour les pauvres d'être humbles, impuissants et résignés. C'est pourquoi Robin des Bois est immortel, et c'est pourquoi on l'invente quand il n'existe pas vraiment. »

La gloire des bandits, démontre Hobsbawm, est en général éphémère. Elle n'excède pas une ou deux générations. Mais le XVIIIe siècle a joué un rôle déterminant en la matière ; c'est le siècle où l'on a commencé à collecter les ballades et les légendes ; or, ceux des bandits qui échappent à l'oubli sont ceux qui ne sont pas seulement les héros des paysans. « On pourrait dire que ce sont les intellectuels qui ont permis la survie des bandits. » Dans les sociétés avancées, la référence au cadre historique et social réel s'efface ; ne reste que le noyau de signification : la liberté et le rêve de justice. Dans cette alchimie, les moyens modernes de représentation ont joué leur rôle. « Ce qui, de la vie de la forêt à l'époque médiévale, reste sur les écrans de télévision, ce sont des hommes libres et égaux, unis par la camaraderie, invulnérables à l'autorité et qui sont les champions des pauvres et des victimes de l'oppression et de l'imposture. »

Le personnage médiateur chez Walter Scott

Dans son grand ouvrage *Le Roman historique* (1952), le philosophe marxiste Georges Lukács a accordé une place déterminante à Walter Scott. Il montre de façon convaincante pourquoi le discours social que recouvrent les fictions imaginées par l'auteur écossais eut une telle pérennité. Ses analyses sont tout à fait appropriées pour nous aider à comprendre le succès de Robin des Bois sur le grand et le petit écran.

Lukács s'intéresse à l'apparition, à l'essor et au déclin du genre « roman historique » entre 1815 et la fin du XIXe siècle. Il lie étroitement cette histoire à celle de l'accession au pouvoir d'une classe sociale, la bourgeoisie. C'est après la chute de Napoléon et la fin de la période révolutionnaire qu'apparaît le genre. Il répondait à un besoin de « mettre de l'ordre » dans l'Histoire et d'y lire les prémisses de l'évolution que l'on venait de vivre, tout en y cherchant des raisons de se rassurer. Walter Scott accomplit idéalement ce travail pour le public anglais. « Il trouve dans l'histoire anglaise cette consolation que les plus violentes vicissitudes de la lutte des classes se sont finalement apaisées dans un glorieux juste milieu. » Nul mieux que Robin des Bois n'illustre cette belle formule, et les films reproduiront avec une grande conformité le schéma « scottien » tel que Lukács l'a dégagé. Cette influence se reconnaît bien au-delà des films directement adaptés des romans de Scott.

Le pays est divisé en deux camps, entre lesquels se partagent les personnages principaux. Ils se définissent par des critères sociaux et raciaux à la fois. Ce sont les Saxons qui représentent les exploités et les Normands les exploiteurs. Un personnage médiateur, qui appartient à l'un des deux camps par son origine, se trouve en bons termes avec les représentants légitimes de l'autre : Wilfried d'Ivanhoé est fils d'un noble saxon, mais il est le fidèle ami du roi Richard, lequel est normand. Robin des Bois est souvent défini lui aussi comme fils d'un seigneur, saxon le plus souvent, mais il est, lui aussi, en bons termes avec le roi Richard. Socialement parlant, ce héros est en position d'intermédiaire entre les grands (la noblesse dont il est issu), et les « petits », dont il a adopté la cause : les paysans libres (*yeomen*). Cette place de médiateur est essentielle. Elle lui permet de donner du crédit à ses revendications. On le voit dans la scène où Robin fait irruption dans le château où sont réunis le prince Jean et ses affidés : en dépit de son apparence, ce n'est pas un Jacobin entrant aux Tuileries. On le laisse s'asseoir et on l'écoute. Cette position lui permet aussi d'être parfois entendu de ceux de ses adversaires qui sont de bonne foi.

Le conflit social et politique, voire racial, tend toujours à se transposer dans le domaine sentimental. Le héros tombera donc amoureux d'une jeune fille de l'autre camp : lady Marianne est une dame de la noblesse normande. La contradiction inscrite dans les données de départ se trouve résolue au dénouement, prenant la double forme d'un mariage (Robin et Marianne, Ivanhoé et Rowena) et d'une réconciliation qui consacre un retour à l'ordre. Ceux-ci (mariage et réconciliation) reçoivent, dans les deux cas, l'onction du roi légitime rétabli dans ses droits : Richard Cœur de Lion.

Lukács loue Walter Scott d'avoir choisi pour héros un personnage « d'en bas », dont le rôle est de permettre le contact entre les extrêmes dont la lutte constitue la base du roman. Qu'un tel personnage ait eu peu de chances d'exister dans la réalité, c'est probable, mais l'important, c'est le discours dont il est le support. Or, la lutte des classes que montrent les romans et les films a été bien réelle. Quant au dénouement qui fait assister à la réconciliation des classes, il est bien sûr conjuratoire. Il fournit cependant une clé pour lire l'Histoire. C'est ce que Lukács appelle l'« anachronisme nécessaire ». « Sans une relation sentie avec le présent, une figuration de l'Histoire est impossible. Mais cette relation ne consiste pas à faire allusion aux événements contemporains... mais à *faire vivre le passé comme la préhistoire du présent*, à donner une vie poétique à des forces historiques et humaines qui ont fait de notre vie actuelle ce qu'elle est. » Il est donc admissible de prêter au héros une lucidité quasi-prophétique, en « permettant à ses personnages d'exprimer des sentiments et des idées à propos des rapports historiques réels qui auraient été impossibles aux hommes et femmes de l'époque, mais ne dépassant pas la conscience de l'époque plus qu'il n'est absolument nécessaire pour élucider le rapport historique donné ».

Il est curieux de voir un théoricien marxiste faire l'éloge de ce bon conservateur qu'était Walter Scott, mais ce paradoxe est assez commun : Marx ne voyait-il pas dans Balzac le meilleur descripteur de la société de la Restauration ? Il est curieux aussi de noter que le cinéma s'emparera du schéma « scottien » afin de faire passer un discours généralement « progressiste » – mais pas révolutionnaire, on l'a compris. La dernière partie de l'analyse de Lukács paraîtrait s'adapter mieux au « réalisme socialiste » qui triomphera dans l'Union soviétique des années 30 ; et pourtant, c'est le cinéma hollywoodien qui l'illustrera le mieux.

Un révolté légitime : l'épilogue des romans et des films

Robin, héros des petites gens et ennemi des pouvoirs oppressifs, se trouvait disponible pour incarner les espoirs placés dans les mouvements progressistes des sociétés industrielles modernes. Nous avons déjà indiqué l'adéquation entre cette légende et l'Amérique rooseveltienne que le film Warner de Michael Curtiz exploitera parfaitement.

Il faut relever que les ennemis de Robin et de ses compagnons appartiennent à deux catégories. Les uns sont des gens d'Église, en particulier des moines. Mais il s'agit de moines gras, entretenus par les bénéfices de leur abbaye enrichie grâce au travail de malheureux serfs. Une ancienne ballade racontait comment Robin dépouillait de leur bourse deux moines qui se prétendaient pauvres : cette scène a été reprise dans certains films, notamment dans les premières décennies. D'autre part, il faut signaler, parmi ses ennemis les plus acharnés, l'évêque des Black Canons. Dans le film de 1938, ce personnage apparaît dans la taverne de Kent Road. Entouré de quelques moines, il se plaint avec fureur d'avoir été volé par les hors-la-loi : « Dépouiller ma personne de ses bijoux ! Où va ce pays, si un haut dignitaire ecclésiastique ne peut pas traverser les forêts en sécurité ! » Parmi ses auditeurs se trouve le roi Richard, récemment débarqué incognito. L'évêque découvre malheureusement l'identité de son interlocuteur (à cause du chuchotement imprudent d'un de ses compagnons) et s'empresse d'aller le dénoncer au prince Jean. Quand celui-ci ordonne d'aller tuer le voyageur, il émet une réticence de principe, vite étouffée par la menace de le priver de son abbaye… Ce personnage négatif sera étoffé dans certains des films

Sean Connery dans le film de R. Lester La Rose et la flèche.

ultérieurs, notamment celui de John Irvin où cette orientation sera poussée le plus loin. N'oublions pas encore, dans ce catalogue, l'abbesse de Kirklees qui sera responsable de la mort de Robin. Si les films ont fait le silence sur cet épisode embarrassant pendant quelques décennies, on le retrouvera au dénouement de *La Rose et la flèche* de Richard Lester. Un certain anticléricalisme populaire apparaît donc bien comme l'un des traits constitutifs du Robin traditionnel. Il est probable qu'il fit obstacle à la diffusion de ce volet de la légende en pays catholique, et il explique la prudence des films hollywoodiens classiques en la matière, soucieux de ne pas entrer en conflit avec des groupes d'opinion. Du reste, un autre personnage de moine permettait de faire la balance : celui de frère Tuck, porteur de toutes les valences positives qui ont été retirées aux autres clercs.

Les autres adversaires des *merry men* sont des représentants du pouvoir civil, au premier rang desquels le shérif de Nottingham. Le *sheriff* – institution propre à l'Angleterre – est un officier devenu, à partir du règne de Henri II, le principal représentant du pouvoir royal dans les comtés. La contestation de son autorité pourrait avoir quelque chose de subversif, et l'a sans doute, à cette réserve près que celui-ci est le représentant d'un usurpateur. Il incarne donc précisément ce personnage typique de la légende des bandits de toute époque : un mauvais serviteur du pouvoir qui a détourné la loi à son profit personnel.

Ses ennemis désignés : hommes d'Église, pouvoir civil

Grâce à ce schéma, Robin prenait une valeur universelle qui avait de bonnes chances de ne jamais se démoder complètement. On a pu noter que c'est dans les années 60, au moment de l'essor de la télévision, que le personnage de Robin se « prolétarise ». Il retrouve la fonction de champion des serfs opprimés qui était la sienne dans la tradition originelle. K. et R. Morsberger l'ont souligné : « Le Robin non-aristocratique est traditionnellement le fils d'un garde forestier royal dont la fonction est de faire appliquer les lois contre les braconniers. Quand il devient un hors-la-loi, il adopte la tenue de forestier, façon ironique de souligner son rôle de véritable représentant de la loi. La tradition des *outlaws* est associée au triomphe, ou au moins à la poursuite de la justice contre un pouvoir corrompu. » De son côté, Jeffrey Richards souligne que, avec les premières séries télévisées (à partir de 1958), Robin prend une nouvelle dimension, qui est la mise en cause du système féodal : la loi de la série obligeant à trouver un nouveau ressort à chaque épisode, ce sera la taxe sur le grain, la taxe sur le mariage, le monopole seigneurial sur les moulins etc., qui fourniront le ressort, de sorte que « Robin devient un champion des serfs contre le système seigneurial ».

C'est d'abord un roman destiné aux enfants qui a introduit cette thématique : celui de Geoffrey Trease, *Bows against the Barons*, paru en 1934, qui connut un succès colossal et fut traduit en dix langues. Deux nouveautés marquaient cette version. D'abord, l'introduction d'un personnage de témoin, un enfant, fils de serf, qui est le narrateur de l'histoire ; ensuite, la tonalité résolument marxiste du texte : on y parle d'exploiteurs et d'exploités et Robin y emploie un langage révolutionnaire : « Il faudra des années, mes amis, pour persuader les hommes et leur montrer la seule vérité : à savoir qu'il y a deux classes, les maîtres et les sujets, ceux qui possèdent et ceux qui n'ont rien. Tout le reste, Normands et Saxons, chrétiens et Sarrasins, paysans et artisans, est un prétexte pour nous mettre à part et pour placer les seigneurs au sommet » (cité par D. Petzold).

Des Robins « engagés », de Ken Annakin (1952) à *Wolfshead* (1969)

La littérature allait sans aucun doute plus loin que le cinéma ne pouvait aller dans ces années-là. Néanmoins, on voit évoluer la thématique au fil des ans. En 1952, Walt Disney produit *The Story of Robin Hood* que réalisa Ken Annakin. On ne saurait certes prendre les studios de Burbank pour un antre de révolutionnaires, surtout en pleine guerre froide ! Pourtant, on sent que Disney s'est senti obligé de faire quelques concessions à l'image d'un Robin des Bois plébéien sinon contestataire. Le héros, ici nommé Robin Fitzhoot, est le fils d'un garde-chasse du seigneur d'Huntingdon, amoureux de la fille de celui-ci, Marianne, demoiselle de compagnie de la reine Eleanor. Le roi Richard étant parti en croisade, et ayant emmené avec lui le « bon » shérif, le prince Jean prend la régence et nomme pour remplaçant un seigneur normand : de Lacy. Celui-ci commence par augmenter les taxes. Comme Robin refuse d'entrer à son service, il se venge en faisant assassiner

Robin des Bois dans la peau d'un renard dans le film de Walt Disney The Story of Robin Hood *(1952)*

par un homme de main le père du héros. Ce crime (pour la première fois évoqué sous cette forme dans un film) permet de transformer le conflit social en dynamique de vengeance personnelle.

Un pas de plus est franchi avec une production de la Hammer en 1969, *Wolfshead* (mal traduit en français par *Robin des Bois, la légende*). Réalisé par John Hough sur un scénario de David Butler (spécialiste des récits médiévaux, celui-ci avait réalisé notamment *King Richard and the Crusaders*), ce film se présente en fait comme le pilote d'une série télévisée qui ne vit jamais le jour. Ici, Robert de Locksley (joué par un David Warbeck qui a pris avec le temps un *look* très années 60) est un simple fermier saxon. Pour avoir défendu un serf qui fuyait devant les soldats parce qu'il avait braconné, Robert devient un proscrit (*wolfshead*) et regroupe autour de lui d'autres exilés, chassés de leur village ou de leur ferme. Le texte du générique nous prévient clairement : deux classes s'affrontent en Angleterre, les maîtres normands et les esclaves saxons. Robert va trouver son adversaire implacable : le seigneur Roger de Doncaster, qui convoite sa fiancée Marianne Fitzwater, ainsi que Geoffrey, le frère de celui-ci. Pendant qu'il est réfugié dans la forêt, son village est pillé et brûlé par les soldats, sa mère menacée et sa sœur violée et tuée. (On rencontre ici un thème qui fera fortune par la suite.) Un serf gallois lui apporte l'arc dont il a hérité de son père, une arme interdite que le héros aura à utiliser, à la fin de l'épisode, dans un combat singulier contre le seigneur normand. Le film s'achève sans conclusion, puisqu'il devait y avoir une suite. Les compagnons font un serment collectif sous la direction de Robert/Robin, lequel jure de « combattre les Normands aussi longtemps qu'ils me combattront ».

Produit par une petite compagnie britannique plutôt spécialisée dans le fantastique, Wolfshead est sans doute le plus progressiste des films consacrés à Robin des Bois, au sens de l'histoire politique du moins. Difficile de ne pas penser que cela tient en grande partie à sa date de réalisation : le « mai 68 » européen était dans l'actualité immédiate…

Un Robin marxiste était-il possible ?

Un Robin marxiste était-il vraiment possible ? On voit bien ce qui pouvait faire obstacle à la métamorphose du bandit de Sherwood en héros positif orthodoxe : c'est son légitimisme. Robin, nous l'avons répété plusieurs fois, ne conteste les pouvoirs établis qu'au nom de la fidélité à un pouvoir supérieur, le seul légal à ses yeux, celui du roi absent. Le retour de ce dernier le fait rentrer dans le rang. Si certaines suites vont au-delà de la mort de Richard, elles ne font alors que dupliquer la première situation : Robin redevient un proscrit, dans l'attente que l'ex-usurpateur cède la place.

On peut comprendre que les Soviétiques aient cherché dans leur histoire, riche en bandits de toutes sortes, des héros plus « dans la ligne ». Il y a pourtant eu (au moins) un Robin des Bois soviétique : un film de 1978 produit par les studios de Riga et réalisé par Serguei Tarasov, *Striely Robin Guda* (*Robin's Hood Arrow*). Il s'agissait du premier volet d'une trilogie, les deux autres étant consacrés à *Ivanhoé* et à *La Flèche noire* ; K.J. Harty résume ainsi cette curiosité : l'évêque de Nottingham, lassé des harcèlements constants de Robin, complote avec sir Guy de Guinsbourne d'enlever Marianne et tend un piège à Robin.

Ce n'est pourtant pas dans le cinéma, mais dans la bande dessinée que s'exprimera le mieux, en Europe, et particulièrement en France, l'idée d'un Robin des Bois révolutionnaire. On peut en citer deux. En 1939, Calvo publie un *Robin des Bois* pour la Société parisienne d'édition, dont une réédition sera donnée sous une autre forme en 1949 dans la collection Rouge et Or de Flammarion. Dans cette version, Robin de Locksley est bien noble d'origine (il a même du sang normand), mais il s'est retiré dans la forêt en attendant le

La flèche aiguisée d'Errol Flynn dans le film de M. Curtiz Les Aventures de Robin des Bois *(1938).*

retour du roi Richard pour défendre les Saxons opprimés contre les barons normands jouisseurs et avides, qui « ne forment qu'une minorité ». À plusieurs endroits, la revendication sociale en faveur du peuple anglais est clairement exprimée. Sir Guy et ses sbires organisent volontairement la famine dans la ville de Nottingham. Les hors-la-loi se chargent alors de la ravitailler. Robin sauve ensuite une petite bergère qui soignait les malades avec des simples, et qu'on accuse de sorcellerie. Des affiches sont placardées partout, mettant sa tête à prix... et sont instantanément recouvertes de graffitis. On le sent, derrière la critique sociale, c'est une autre situation que le narrateur a présente à l'esprit : celle de la France occupée. Calvo, auteur du fameux album *Que la bête meure* à la gloire de la Résistance, endosse à son tour une thématique qui colorera les Robins de l'après-guerre et qui fait des *merry men* des préfigurations des maquisards.

En 1973, Jean Ollivier (scénario) et Martin Sièvre (dessin) donnent à l'hebdomadaire pour enfants du parti communiste *Pif* une série, *Le Roi de Sherwood*, qui sera publiée en album par Hachette. Cette fois, Robin des Bois s'inscrit dans la lignée de Rahan et autres « héros positifs » disséminés au long de l'histoire de l'humanité qui font le quotidien de ce journal. Robin Locksley (il a perdu sa particule) y a les traits d'Errol Flynn. Il défend les paysans saxons contre des oppresseurs divers, notamment des chevaliers lourdement armés, contre lesquels il n'a pour se battre que des « armes de vilain », fourches, faux, crochets, ce qui ne l'empêche pas de triompher régulièrement. Mais la couleur idéologique demeure très discrète, il faut bien l'avouer. Seule se dégage une situation de base à valeur universelle.

Au cinéma comme ailleurs, Robin des Bois restera un mythe anti-autoritaire dont les virtualités révolutionnaires n'ont été que timidement exploitées.

Chapitre 6

Américanisation et internationalisation de Robin des Bois

L'américanisation de Robin Hood

Robin doit être compris comme un héros du peuple dont l'ancrage socio-historique est assez vague pour qu'il soit compris partout et favorise l'identification universelle. Mais alors, pourquoi ce succès privilégié dans la nation pilote de notre siècle, les États-Unis ?
Aux origines de cette popularité, on rencontre encore un roman : celui d'Howard Pyle, *The Merry Adventures of Robin Hood*, paru en 1883. Pyle était avant tout un illustrateur. Il fit d'ailleurs lui-même les images de son roman, images qui auraient influencé Alan Dwan pour le film de Fairbanks en 1922. Le roman de Pyle eut un énorme succès, surtout dans le secteur éducatif en Grande-Bretagne et aux États-Unis. Cette variation comprenait les épisodes jugés aujourd'hui indispensables : le combat au bâton entre Robin et Petit-Jean sur la passerelle, qui s'achève par la chute des deux protagonistes dans l'eau et une poignée de main amicale ; la victoire de Robin au tournoi d'archers organisé par le shérif et la remise de la flèche en or au vainqueur ; le banquet dans la forêt ; frère Tuck portant Robin sur ses épaules pour traverser la rivière ; Robin guidant le roi Richard déguisé en voyageur ; le combat singulier contre Guy de Guinsbourne ; la reconnaissance et le pardon du roi. Le récit incluait des épisodes moins connus aujourd'hui, celui de sir Richard of the Lea, celui de la fiancée d'Alan-a-Dale enlevée au vieux chevalier qu'elle devait épouser, et la mort de Robin au prieuré de Kirklees avec le tir de la dernière flèche.
Quoique le cadre de l'action soit anglais, des détails trahissent l'américanisation du thème, aux dires de connaisseurs (Jill P. May) : la langue des personnages est empruntée aux *Quakers*, les hors-la-loi se comportent comme des héros de l'Ouest avec leur camaraderie

masculine, leurs rites initiatiques. Les femmes n'y ont qu'un rôle très secondaire, les « garçons » vivent entre eux et sont leurs seuls maîtres. La dimension sociale s'estompe : plus important est le fait de mener une vie saine au grand air… Baden-Powell n'est pas loin.

- **Le roman d'Howard Pyle**

Le roman d'Howard Pyle inspira directement au moins un film, un des premiers américains consacrés à notre héros, *In The Days of Robin Hood* de 1913.
Son influence se mesure aussi dans un autre secteur qui a son importance pour notre propos : celui de la comédie musicale. En 1890, Reginald de Koven et Harry B. Smith créèrent une opérette, *Robin Hood*, qui fut jouée l'année suivante en Angleterre sous le titre *Maid Marian*. Pour la première fois, l'intrigue était centrée sur le trio Robin/Marianne/sir Guy, le Normand disputant au héros les faveurs de la belle. C'est de ce *musical* que s'inspira l'un des premiers films, la réalisation Eclair de 1912. Marianne désobéit à son père qui veut lui faire épouser sir Guy, et grâce à la complicité de frère Tuck, elle s'enfuit dans la forêt. Sir Guy capture Robin, l'attache à un arbre ; il est délivré par ses compagnons qui renversent les rôles. Le père de Marianne complote avec le shérif et sir Guy, mais Richard rentre de captivité à ce moment-là, se joint aux proscrits et fait triompher l'amour avec le bon droit. La comédie musicale fut jouée longtemps, et il est amusant de signaler que la Warner en avait acheté les droits en 1928, dans l'intention d'en faire un de ses premiers films sonores ; puis elle s'accorda avec la MGM et lui rétrocéda ses droits, dont la compagnie au lion ne fit finalement rien… Mais il reste quelque chose de cette origine dans le film de Curtiz, dont elle explique bien des aspects : le côté peu sérieux, les chorégraphies qui organisent plusieurs passages, l'abondance de la musique, et même les scènes de duo. Le *musical* est l'une des grandes formes modélisantes du film moyenâgeux hollywoodien.

Douglas Fairbanks comme *homo americanus*

L'Amérique s'approprie définitivement Robin des Bois dans le film d'Alan Dwan avec Douglas Fairbanks, *Robin des Bois*, en 1922. Avec cette superproduction, les Américains mettaient un terme à toute une vague de films anglais à thème médiéval dans les années 20, comme pour signifier que cette culture était désormais annexée à leur cinéma.

Quand il met en chantier ce film, Douglas Fairbanks est son propre maître, depuis 1919, au sein des Artistes Associés. Comme l'écrit Christian Viviani, « dans une ivresse de perfectionnisme, l'auteur-acteur va viser de plus en plus haut, de plus en plus grand et de plus en plus cher, tenant toujours fermement en mains sa carrière,

Douglas Fairbanks dans le Robin des Bois *d'Alan Dwan (1922).*

collaborant à l'écriture de ses scénarios, supervisant tous les aspects du film et choisissant d'excellents cinéastes ». Douglas, paraît-il, tenait à ce sujet depuis des années. Il s'appliquera à en livrer une version personnelle et conforme à sa propre mythologie. « Douglas est devenu l'homme qui réussit par sa seule énergie, et qui a pour devoir d'intervenir dans les affaires de l'étranger, là où la liberté et la démocratie sont menacées », rappelle Sadoul.
Toute la première partie du film est consacrée à la croisade. On assiste à un tournoi où le comte Huntingdon triomphe de sir Guy de Guinsbourne, bien que celui-ci ait tenté de tricher en s'attachant à sa selle au moyen d'une lanière. La scène suivante représente un banquet. Le prince Jean et sir Guy conspirent déjà. Cependant, en dépit des objurgations du roi Richard, Huntingdon dédaigne les avances des jeunes filles qu'il lui jette dans les bras. Mais son âme chevaleresque se réveille pour secourir lady Marianne, serrée de près par le prince Jean. L'amour l'effleure alors de son aile. Il accepte le voile de la jeune fille comme faveur à lier à son armure. Il doit en effet accompagner le suzerain, en tant que commandant en second de la croisade qui s'ébranle le lendemain, après la bénédiction solennelle de l'évêque. On assiste aux adieux déchirants des dames à leurs chevaliers, à la progression de la troupe dans un paysage désertique, à la vie dans le campement des croisés. Huntingdon reçoit un messager qui le prévient des exactions qui se commettent en Angleterre en son absence. Un petit drame des croisades est, alors, développé : sir Guy surprend l'information, intercepte le pigeon que Huntingdon envoyait à sa bien-aimée pour l'avertir de son retour, dénonce le chevalier au roi comme déserteur. Le héros est enfermé dans une forteresse. Il s'en évadera plus tard et retournera conduire la lutte en Angleterre. Cependant, le traître pénètre dans la tente même de Richard pour le poignarder. Il n'atteint heureusement que son bouffon. Cet événement décide le roi à retourner en Angleterre, où le bruit de sa mort s'est répandu.
Fairbanks a éliminé le motif essentiel de la captivité de Richard ; il

l'a, assez curieusement, déplacé sur Huntingdon, injuste victime d'une calomnie. Le thème de la guerre contre les Sarrasins, tout comme celui de la rançon, ont laissé la place entière au motif de la trahison. Le film d'Alan Dwan le décline ainsi dans deux contextes différents : au sein d'une troupe en déplacement, puis sur le sol anglais. Cette bipartition imprime au film un rythme particulier qui n'a pas toujours été bien jugé. Au contraire, ce parallèle, qui structure même le montage, est un des aspects originaux du film. Les films « robinesques » sont, en effet, plus souvent de construction linéaire. De plus, cette bipartition a une véritable signification. K.-J. Harty suggère que la première partie représente le héros américain d'avant la Première Guerre, tandis que la seconde, où Fairbanks éclate d'exubérance, serait accordée à l'esprit d'après-guerre et des *Roaring Twenties*...

Dans cette première heure du film, Douglas Fairbanks est donc le comte Huntingdon. L'acteur tenait à interpréter une figure de chevalier en armure. Mais il a surtout été orienté par son goût des héros à double personnalité. Il en avait donné un archétype avec *Le Signe de Zorro*. Fairbanks a voulu montrer que, sous un costume de toile et de cuir comme sous l'armure et le heaume, le cœur continuait à battre au rythme des vertus chevaleresques ; et que, sous le soleil de l'Orient comme dans la forêt anglaise, les traîtres sont responsables des mêmes agissements.

Le prince Jean et son frère Richard sont très présents dans ce film. Le physique du premier se conforme à la mythologie du traître : brun, maigre, la barbe fine, le regard froid, le sourire crispé. Le Richard de Wallace Beery est tout à l'inverse : corpulent, jovial, bon vivant, truculent, parlant haut, se mettant facilement en colère mais possédant un bon fond. Il a renoncé à la dignité de son rang au profit de la virilité et de la rudesse d'un chef traditionnel, proche de ses hommes. À sa première apparition, sur le pont-levis du château, en tête de la parade qui précède le tournoi, il dévore à pleine bouche une cuisse de volaille... Un appétit insatiable le caractérise tout au long du film,

Douglas Fairbanks en héros masqué dans le film Le Signe de Zorro *(1920).*

La fine lame de Douglas Fairbanks dans le film Le Signe de Zorro *(1938).*

indice de sa bonne santé, sans doute, et peut-être pour obéir à des raisons mythologiques plus obscures. Son Richard retrouve la vigueur d'un roi celtique légendaire, une sorte de Gargantua, voire de Cucchulain. Le prince Jean accomplit les gestes rituels et symboliques de l'usurpateur : il s'empare du calice royal au cours du banquet et gardera en mains cet objet jusqu'à la fin du film ; à peine les croisés ont-ils quitté le château qu'il s'approprie la couronne, se la pose sur le crâne, et s'assied sur le trône de son frère, geste qu'anticipait, ironiquement, le fou dont est flanqué Richard. La première fois qu'il commet ce sacrilège, la vaste cour du palais se vide autour de lui en quelques secondes. À la fin du film, Richard, de retour au château, se dirige vers son frère qui assiste, recroquevillé sur le trône, à la défaite de ses soldats ; il l'attrape par le collet et le porte jusqu'à l'extérieur comme un vulgaire lapin. Les compagnons de Robin, alignés sur les murs, acclament ce spectacle. Jean sans Terre reste seul dehors, face au pont-levis qui se relève. Une belle trouvaille visuelle pour signifier que la voie du pouvoir lui est désormais coupée.

Les emblèmes et les symboles

Le film d'Allan Dwan multiplie les emblèmes et les symboles. Le roi Richard porte sur la poitrine l'écu aux trois léopards, alors que les armes de son frère n'en présentent que deux. C'est cet emblème que Robin Hood accroche partout à l'aide de ses flèches, voire en le collant sur la poitrine de ses victimes, indiquant ainsi clairement de qui il est le bras. Cet anachronisme amusant (on croirait un tract électoral) vise à souligner quelle est ici la question fondamentale : c'est avant tout une histoire de fidélité et de trahison.

Nous avons déjà indiqué que dans ce film les conflits ne reposent sur aucune base « ethnique ». Leur dimension sociale reste virtuelle : les paysans ne se révoltent pas contre un ordre féodal injuste, mais contre les exactions d'un usurpateur et de ses sbires. Ceux-ci n'appartiennent pas à un corps organisé. L'Église n'assume qu'une présence discrète : on voit l'archevêque bénir les croisés, mais il n'y a pas de messe ni d'église ; le seul espace consacré que l'on voit est le couvent de Sainte-Catherine où s'est réfugiée lady Marianne pour échapper aux sollicitations pressantes du prince Jean. Le monastère est pillé par les soldats du tyran ; les compagnons de Robin récupèrent ce butin, mais, quand ils se rendent compte de sa provenance, ils décident aussitôt de le rendre à son légitime propriétaire. Les représentants de l'Église, ici, sont des victimes. Le respect des institutions est total. Les paysans révoltés ne prétendent nullement s'emparer du pouvoir. Comme l'a noté Jeffrey Richards, ce film achève la transformation de Robin de *yeoman* en héros romantique, en quête d'une vengeance personnelle. Non seulement il a été victime de la délation et injustement enfermé, mais encore on a brûlé son château ; de plus il croit que la jeune fille qu'il aime est morte. La suivante de Marianne, en effet, pour garantir la paix de la retraite à sa maîtresse, a laissé entendre que celle-ci s'était jetée dans un ravin pour échapper à ses poursuivants. À son retour sur le sol natal, Huntingdon, apprenant la nouvelle, lance face au ciel le serment de se battre « pour Dieu, pour Richard, pour elle ». Le peuple est absent de ce vœu… Aux compagnons rassemblés dans la clairière, il donne la consigne de « voler aux riches pour donner aux pauvres, abattre le prince Jean, donner notre vie pour que Richard règne ». Les « scènes obligées » de la geste qui ont été retenues, s'organisent autour de ces thèmes. Une séquence « par épisodes » présente des pendaisons, des exactions, des tortures, le prélèvement de taxes, et des scènes de pillage (sans que l'on comprenne bien à quelles fins le prince Jean oppresse de cette façon ses nouveaux sujets…). Les répliques des résistants sont essentiellement des défis relevant du symbolique : les bravades de Robin qui a fait irruption dans la grande salle du château, les flèches plantées affichant partout le message aux trois léopards. La scène de la distribution aux pauvres n'est qu'ébauchée. Les activités des compagnons dans la forêt paraissent consister essentiellement en réjouissances, ils sautillent et s'agitent frénétiquement comme des bacilles dans tous les coins. Seules les grandes scènes d'action, comme la bataille dans la forêt encerclée par les soldats, le siège de Nottingham, que Robin a pris et défend contre les hommes du prince, et enfin, les deux combats dans le château royal qui clôturent le film, donnent une finalité concrète à toute cette agitation.

Il est vrai que ces scènes d'action sont, à juste titre, les plus célèbres du film. C'est à elles que Fairbanks tenait le plus. Douglas voyait le Moyen Âge comme l'espace par excellence où pouvait se déployer sa conception du chevaleresque, faite d'un mélange d'acrobaties, d'exploits physiques, et d'une morale simple et sans failles. Au prologue du film, quatre vers s'affichent, empruntés au poème *Old and New* de Charles Kingsley :

So fleet the works of men
Back to their earth again ;
Ancient and holy things
Fade like a dream.

(Ainsi passent les œuvres des hommes / Elles retournent à leur terre / Les choses anciennes et sacrées / S'effacent comme un songe.) L'image présente alors un château en ruines (sur *glass painting*, ou peinture sur verre). Un second carton précise les intentions des auteurs : « L'Histoire est, dans son état idéal, un mélange de légende et de chronique, et c'est à partir de ces deux sources que nous vous offrons une impression du Moyen Âge ». On voit alors le même château, cette fois intact. Ce procédé emprunté à la lanterne magique a un sens : la « reconstitution » est un travail poétique et imaginatif. On ne saurait être plus clair. C'est une atmosphère que Dwan et Fairbanks ont voulu élaborer, sans se préoccuper, outre mesure, d'exactitude historique.

Il ne faut alors pas s'offusquer que Douglas ait projeté dans son personnage du XIIe siècle les traits de caractère qui composaient son image publique. Celle-ci est sans aucun doute anachronique dans un contexte médiéval. Léon Moussinac avait admirablement décrit en Douglas Fairbanks l'archétype de l'*homo americanus* : « Le héros moderne, un schéma, plutôt, de héros : il est sportif, et, pour agir vite, pense vite. Son sang froid éclate à chaque virage de l'aventure. Santé qui ignore l'impossible. Le héros attaque de front, mais avec précision. Logique d'algèbre. Il a résolu le problème, fait sa preuve par neuf, sûr de lui. D'où sa bonne humeur [...] Douglas, impassible, devance l'époque et, la grossissant cent fois, nous fait voir inconsciemment ce que le passé obstiné nous empêchait de voir. » Douglas représente un héros tendu vers le futur plutôt que plongé dans le présent, et qui réalise le fantasme d'une maîtrise absolue du réel au lieu d'être plongé en lui. Projeté dans le passé, ce type de personnage anticipe avec volontarisme le mouvement de l'Histoire, présumé tendu vers le progrès.

Le Robin des Bois incarné par Fairbanks présente un trait que beaucoup de ses successeurs reprendront : son immaturité. Dépourvu de toute attache familiale, il vit dans l'ombre de celui qui représente pour lui l'idéal de l'autorité, de la séduction, bref, de la virilité : son suzerain, Richard. Quant à lui, il a peur des femmes. Une autre scène comique le montre : lady Marianne lui remet le prix de sa victoire au tournoi ; il se voit entouré de charmantes jeunes filles ; il prend la fuite, alors qu'elles le poursuivent, tel Keaton dans *Fiancées en folie*, et, pour leur échapper, ne trouve rien d'autre que de se jeter à l'eau. Cette maladresse (ce côté godiche, dirait Sadoul) est un archétype du héros masculin américain. C'est la découverte de l'amour qui accomplit la métamorphose de cette chrysalide. Pour l'exprimer, Dwan et Fairbanks ont eu recours à une scène symbolique, une fois encore. Au moment du départ pour la croisade, Marianne dessine sur le mur l'ombre de Huntingdon. Lorsque le chevalier sera au loin, elle se consolera en caressant la silhouette de son aimé. Quand Huntingdon revient au château sous les traits de Robin Hood, dans la scène de la provocation, il rencontre cette ombre, au détour d'une poursuite ; il s'arrête alors un bref instant et se met à rêver à son aimée (qui apparaît en surimpression fugitive). Symbole un peu appuyé, mais situation délicate, qui pourrait faire penser à l'argument d'un lai, ou au mythe de l'origine de la peinture…

Ce film ménage d'autres surprises comme d'y découvrir des comportements « courtois » chez un héros yankee mal dégrossi en apparence. La jeune fille échappera longtemps au désir de Robin, comme par des lapsus (involontaires ?) du scénario. D'abord, il la croit longtemps morte. Quand enfin il la retrouve au monastère Sainte-Catherine, c'est pour la voir enlevée sous son nez par les hommes du prince Jean. Elle est alors enfermée dans la forteresse royale. Pour la rejoindre, il doit accomplir une acrobatie significative : il s'accroche au pont-levis au moment où celui-ci se referme, l'utilise comme un ascenseur, et poursuit son escalade de la façade jusqu'au sommet des murailles. Mais il faudra encore qu'il passe par l'épreuve du poteau de torture, où le prince l'a fait ligoter (il s'est en effet rendu par ruse, car il a entendu le son du cor de ses alliés qui entourent le château). Il ne pourra obtenir la jeune fille qu'à l'extrême fin du film. Souvent, des portes se sont refermées sous son nez. Au dernier plan, nos deux héros pénètrent dans une vaste chambre nuptiale en franchissant ensemble, cette fois, une porte imposante. Les grands battants se ferment, ils restent seuls… Derrière celle-ci, le roi Richard tambourine des deux poings sur les vantaux. Ce sera en vain, cette fois.

L'initiation aux choses de l'amour du mâle américain est donc un des grands thèmes latents de ce film. Mais le personnage incarné par Fairbanks compense sa timidité en ces matières par son dynamisme entreprenant dans la sphère sociale et politique. Il faut rattacher ce trait au contexte de production du film. Sadoul a noté que « le personnage de Douglas possédait une valeur d'autant plus explosive que son épanouissement coïncidait avec l'intervention de l'Amérique dans les affaires du monde ». Douglas ne voyage pas dans l'espace, ici, mais dans le temps, comme si l'Amérique cherchait à se convaincre que son rôle de leader était inscrit depuis toujours dans l'Histoire. Mais on peut encore voir ce film comme une métaphore de la propre position de Fairbanks dans le monde du cinéma. Producteur indépendant, il a voulu s'extraire de la tyrannie des majors, lui qui était un vrai *self-made man*, et il a monté sa propre « bande ».

L'internationalisation par le vecteur essentiel du cinéma

• La vocation universelle du cinéma hollywoodien

Les années 30 voient triompher ce qu'il faut bien appeler la vocation universelle du cinéma américain. Hollywood met désormais en forme et diffuse à l'échelle planétaire les mythologies qui nourrissent l'imaginaire de l'humanité. Godard l'a démontré dans ses *Histoire(s) du cinéma*. « Les gens, dit-il dans une de ses formules lapidaires dont il a le secret, sont de toutes façons *pour* l'Amérique,

Errol Flynn, héros du film de M. Curtiz Les Aventures de Robin des Bois *(1938).*

comme autrefois ils étaient *pour* Rome. » Le cinéma américain raconte au monde des histoires qui sont en fait son histoire, pourrait-on ajouter avec Michel Cieutat. Dans le grand syncrétisme que représente le cinéma hollywoodien, on emprunte ces histoires aux cultures du monde entier et notamment à la vieille Europe. Douglas Fairbanks avait commencé le travail, Errol Flynn va l'achever : avec lui, Robin des Bois devient un mythe complètement assimilé par l'Amérique qui s'internationalise dans le même mouvement.

Le film de Michael Curtiz, *Les Aventures de Robin des Bois* (1938), se présente largement comme un « palimpseste » de celui de Dwan et Fairbanks. Non seulement on y retrouve les principaux personnages : Robin, Marianne, le prince Jean, sir Guy de Guinsbourne, le shérif de Nottingham, Petit-Jean, frère Tuck, Will Scarlett, etc., et beaucoup de scènes : Robin pénétrant par effraction dans la grande salle du château, la séquence « par épisodes » des flèches plantées chez les ennemis, le serment des compagnons dans la forêt, la distribution aux pauvres, le combat singulier de Robin et sir Guy qui se développe sur les escaliers et les chemins de ronde, mais on y rencontre parfois les mêmes acteurs, comme celle où Alan Hale interprète pour la seconde fois Little John, vieillissant en même temps que son personnage. La réalisation des costumes assure elle aussi une impression de continuité, ainsi que le décor : l'escalier en spirale qui se développe autour d'un gros pilier que Robin et Guy escaladent tout en combattant, conçu par Carl-Jules Weyl pour le film de 1938, est un hommage direct au dispositif élaboré par Wilfried Buckland pour les gigantesques structures du film de 1922. Enfin, il est bien clair qu'Errol Flynn, dans ces années 30, aspirait à la succession de Douglas Fairbanks et reprenait une partie de son répertoire.

Cependant, le film de Curtiz n'est pas un simple *remake* de celui de Dwan. Non seulement l'époque et la structure de production ne sont pas les mêmes, ce qui expliquerait des écarts de contenu, mais le projet, lui aussi, était sensiblement différent. L'histoire de la genèse du film, qu'a étudiée en détails Rudy Behlmer, le montre. Le projet de cette production date de 1935, à une époque où la Warner, en difficulté, réorientait sa politique en la matière. Il avait été décidé d'abandonner les sujets « de société » et de se retourner vers les films « à costume » et les productions prestigieuses. Le lancement du Technicolor viendra conforter cette orientation. Il se trouve par ailleurs que Warner avait participé à la production du *musical* d'Alfred Koven et Harry B. Smith. Après de longues négociations pour en récupérer les droits d'adaptation, le scénario fut confié à Rowland Leigh (un Anglais) qui y pratiqua plusieurs remaniements importants : il emprunta à l'*Ivanhoé* de Scott le motif de la rivalité Normands/Saxons et le siège du château de Nottingham. La musique fut confiée à un émigré antinazi, Erich Korngold, qui y introduisit la tonalité « viennoise », décalée par rapport au cadre de l'action, et que certains critiquèrent à l'époque.

La Warner des années 30 était réputée pour ses sujets sociaux. Elle s'était engagée, discrètement mais nettement, derrière Roosevelt, en dépit du tempérament très conservateur de Jack Warner. Quant à Errol Flynn, il apportait avec lui sa propre légende. Il revenait de la guerre d'Espagne et passait pour un libéral ; quoi qu'il en soit de l'homme, les personnages qu'il incarnait renvoyaient cette image. « Le héros flynnien type naît de la rébellion, de l'infraction à l'ordre établi », rappelle Olivier Eyquem. Des circonstances extérieures le contraignent souvent à changer d'identité et à abandonner ses privilèges pour se mettre au service des opprimés. Il réussit ses premiers exploits à la suite d'une désobéissance, conformément à un vieux schéma héroïque. C'est ce qui arrive implicitement à Robin de Locksley, et c'est pour cette infraction formelle qu'il implore à la fin le pardon du roi ; pardon facilement accordé, dans la mesure où l'intention de ses actes fut toujours bonne. Mais dans le film de Curtiz, cette spoliation initiale et ce changement d'identité sont rejetés dans la pré-histoire. On croirait que le public n'a plus besoin qu'on lui expose les motivations de la conduite d'un héros que, désormais, il a intégrées.

Robin apparaît donc, dans le film, armé, ou plutôt, désarmé : car le propre de ce type nouveau de chevalier, c'est que sa tenue légère, en grosse toile, cuir et feutre, l'oppose à ses semblables lourdement cuirassés. L'arc et les flèches seront ses armes à la place de l'épée et du bouclier. La revalorisation de ces armes est un événement essentiel. Il faut se souvenir du mépris dans lequel les archers furent longtemps tenus. Sans doute, faut-il voir là un thème spécifiquement anglais. Mais il croisait, dans le domaine cinématographique, le thème de la flèche indienne du western, habituellement connotée négativement, ici retournée positivement. Démuni d'armes lourdes, le héros incarne, face aux soldats, le David auquel on s'identifie face à tous les Goliaths de l'histoire.

• Errol flynn héros planétaire. Pourquoi a-t-il imposé le modèle définitif du personnage ?

Errol Flynn, athlète magnifique au corps délié et à l'allure aristocratique, aux cheveux blonds et au sourire rayonnant et indéfectible, était l'une des plus apolliniennes des stars d'Hollywood. La Warner avait d'abord pressenti James Cagney, acteur d'allure nettement plus prolétarienne et marqué par des rôles de gangster. Flynn va donner une tout autre tonalité à son personnage. Sa finesse et sa souplesse lui confèrent une noblesse « naturelle ». En outre, il joue son personnage un peu en retrait. Il mêle sa courtoisie d'ironie, en particulier à l'égard des femmes. Il traite tout le monde avec un certain sourire et une insouciance que l'on a imputée au fait qu'il était australien. L'adéquation du héros, de son costume et de son interprète, atteindra le point de perfection qui lui permettra de devenir un nouvel archétype. Pour preuve, les multiples avatars rencontrés, aussi bien dans les films que dans les bandes dessinées.

Ce guerrier utilise pour sa défense des matériaux naturels, intégrés au monde végétal : la flèche en bois, dont la propulsion est liée au vent, le gilet de cuir, le feutre coiffé d'une plume, les branches des

Le couple phare de M. Curtiz : Errol Flynn et Olivia de Havilland dans le film Les Aventures de Robin des Bois *(1938).*

arbres comme refuge, bref, toute une panoplie aérienne, qui deviendra la caractéristique majeure de la dimension mythique de Robin des Bois.

S'il remplit exactement la case du héros médiateur défini par Lukács, le Robin d'Errol Flynn s'impose en sus comme un leader charismatique. Il est vrai qu'il ne ressent pas la tentation du pouvoir, en dépit des accents populistes de son discours : il remettra celui-ci au détenteur légitime désigné par une règle supérieure aux contingences de la vie sociale. On pourrait dire que la représentation du chef se partage ici en deux figures, également nécessaires à la démocratie américaine telle qu'elle se rêve : le leader démocratiquement élu et celui qui dispose d'une désignation transcendantale.

En revanche, si son action est solidaire de celle d'un groupe, ses motivations sont moins collectives qu'individuelles. Autant que le sentiment de l'injustice, c'est le code de l'honneur et de la fidélité qui sous-tend ses interventions. Il obéit à des lois morales universelles. Il rejoint alors au panthéon des justiciers invisibles un Judex, un Zorro, un Ellis Duckworth (Jean-Punit-Tout, le héros de *La Flèche noire* de Stevenson, un des avatars de Robin des Bois). Comme ces derniers, doué d'ubiquité, il intervient sur le champ dès qu'on se prépare à commettre un acte inique, en signalant sa présence, et son reproche, d'une flèche. Un montage très rapide de plans successifs, au début du film, montre cette flèche interrompant des supplices, comme un rappel de l'existence d'une justice supérieure.

• Quelles sont ces valeurs internationales ?

Le manichéisme foncier de la culture hollywoodienne apparaît au grand jour dans la présentation des figures des traîtres, incarnations d'un mal archétypique face à ce champion du bien. Nous retrouvons ici le personnage de Jean sans Terre. La félonie est chez lui une donnée de départ, elle appartient à sa nature. Il en va de même de son acolyte sir Guy, « traître en second » qui ravit la vedette à son maître. Le shérif de Nottingham est ici représenté comme un troisième traître, mais de tempérament beaucoup plus mou. Le récit repose sur ces bases simples et fonctionne sur une série de renversements de situation basés sur deux figures narratives simples : le complot et le piège. Contre leurs adversaires déloyaux, les victimes ne trouveront pas d'autres ressources que d'user à leur tour de ruse. À un piège mis au point par un camp, répond donc un piège inventé dans l'autre. Le guet-apens dans la forêt est la réplique des hors-la-loi au piège du château : les compagnons arrêtent un convoi de vivres et d'argent qu'accompagnaient le shérif et lady Marianne, et emportent le tout dans la forêt où ils se livreront à une joyeuse ripaille, réplique au banquet du début. Ses adversaires répondent à cette ruse par le stratagème du concours de tir à l'arc, qui permet l'arrestation de Robin. La riposte des *outlaws*, aidés désormais par Marianne et sa dame de compagnie, est une nouvelle ruse : ils encerclent le lieu de l'exécution, abattent le bourreau et rendent possible son évasion. En faisant tomber la herse, Robin inverse la situation et enferme à leur tour ses ennemis. C'est un système d'emboîtements qui pourrait se poursuivre à l'infini. Le complot contre Richard est déjoué grâce à lady Marianne qui espionnait clandestinement. Enfin le couronnement du prince Jean sera empêché par une dernière ruse, les compagnons et le roi déguisés encadrent l'évêque, l'obligeant à dénoncer publiquement la trahison du prétendant au trône.

Si l'on utilise les armes de l'adversaire, le film prend soin de nous rappeler que la confusion demeure impossible entre les deux camps. Dans le combat singulier final qui oppose Robin à sir Guy, alors que le héros rend à son adversaire l'épée qu'il avait perdue, celui-ci sort subrepticement un poignard, détail souligné par un gros plan à valeur fortement énonciative. On ne saurait confondre le *fair-play* et la fourberie. Ce dernier trait achève le portrait du perfide et rend acceptable (dans le système de valeurs du film) son élimination. Il n'est d'ailleurs pas tué, mais se tue lui-même en tombant de l'escalier.

Au terme du récit, les traîtres doivent payer, et doivent être éliminés pour que tout rentre dans l'ordre. Ce n'est pas un problème pour les exécutants, que l'on peut faire mourir sans scrupules. Le traître en second, sir Guy, subit le même sort. Le destin des autres reste imprécis. Reste l'instigateur de tout ce mécanisme, le prince, dont le statut de personnage historique et le rang élevé interdisent une exécution sommaire ; aussi, Richard, magnanime, bannit de ses terres à la fois « son frère et l'injustice ». Il aurait pu lui pardonner, dit-il, si sa traîtrise ne s'était exercée contre tout un peuple.

La scène la plus fameuse du film et la plus porteuse d'idéologie est celle où Robin harangue ses troupes dans la clairière au-dessous du grand chêne. Son programme est le suivant : « Je vous ai appelés ici en tant qu'hommes libres d'Angleterre, loyaux à leur roi. Tant qu'il régnait nous vivions en paix. Mais depuis que Jean s'est emparé de la régence, Guy de Guinsbourne et ses traîtres ont pillé, tué, et nous avons tous souffert de leur cruauté. » Il leur fait ensuite prêter serment :

« Vous, hommes libres de la forêt, jurez-vous de dépouiller les riches seulement pour nourrir les affamés, vêtir les nus, abriter les vieux et les malades, protéger toute femme, normande ou saxonne, riche ou pauvre ?

– Nous jurons !

– ... De lutter jusqu'à la mort contre les oppresseurs des sans-espoir, de rester fermes dans l'amour de la libre Angleterre, et de la garder loyalement jusqu'au retour de notre souverain roi, Richard Cœur de Lion ?

– Nous jurons solennellement ! »

La tonalité évangélique de ce discours, en partie calqué sur le Sermon sur la Montagne, n'est pas innocente. On relèvera qu'il juxtapose un programme de justice sociale chrétienne (la première partie du serment) et un second de loyalisme et de patriotisme.

• L'ancrage historique de ces valeurs générales : Flynn et le danger nazi. Le « progressisme » de la Warner des années 30

On a beaucoup discuté des significations implicites que ce propos pouvait revêtir dans l'Amérique de 1938. Robin des Bois, a-t-on dit, devenait avec ce film un « libéral international » (S. Knight). La lecture la plus admise est d'y reconnaître un écho de la politique rooseveltienne, à la fois sur le plan social (pour lequel c'est tout à fait clair) et sur le plan international. On a voulu y percevoir l'infléchissement du discours de la Warner, devenue antifasciste après que son représentant à Berlin, Joseph Kaufman, ait été assassiné en 1935. Les frères Warner étaient Juifs. Michael Curtiz, le réalisateur, était un Hongrois réfugié. Le musicien qui écrivit la partition du film (récompensé par un oscar), Erich Korngold, était un Autrichien opposant notoire à l'Anschluss. Ces éléments factuels importants ont amené à considérer que « comme Hitler usurpant la chancellerie, le prince Jean et Guinsbourne font régner la terreur après avoir écarté le régent légitime » (K. et R. Morsberger). Plus subtilement, on a avancé que « l'alignement linéaire des Normands (qui s'oppose dans le film au désordre bon enfant des proscrits) avait peut-être à voir avec les images des grands rassemblements de Nuremberg » (S. Knight). Les flèches vengeresses de Robin, ses discours enflammés, faisaient forcément écho aux options politiques de cette époque. Par sa conclusion, le film avance en tout cas l'idée qu'« un gouvernement légitime pourra automatiquement résoudre les problèmes sociaux et économiques ». Kevin J. Harty, lui, en juge différemment. Il voit le film de Curtiz comme foncièrement conservateur. Robin, suggère-t-il de façon amusante, est comme un député fidèle à son chef, le leader du parti démocrate. C'est la quintessence d'un héros américain, un *self-made man* « dont l'habileté contraste avec le morne quotidien de Normands sans imagination, dont les seuls intérêts sont monétaires : ancêtres médiévaux des industriels et des banquiers de la Dépression, ils ne connaissent qu'une motivation, la rapacité ». Contre eux, Robin appelle au retour à une démocratie idyllique et égalitariste, dont le banquet dans la forêt de Sherwood est la parabole. Mais s'il est devenu impossible d'interpréter ce film sans penser à la situation mondiale de la fin des années 30, c'est peut-être un effet de lecture rétroactif. Robin, en fait, est motivé bien plus par une question de politique intérieure que par la résolution d'une crise économique mondiale ou par la lutte armée contre les régimes tyranniques européens : « Un bon gouvernant est un gouvernant qui résout d'abord les problèmes chez lui. »

Il n'empêche que le Robin des Bois d'Errol Flynn aura immédiatement une audience internationale. La situation parabolique que ce film met en scène sera perçue comme applicable à des contextes variés. Chacun pourra le prendre pour soi-même. C'est le propre d'un conte : le cadre dans lequel il est censé se dérouler est suffisamment vague pour autoriser toutes les identifications. Le nom d'un roi et d'un prince qui ont réellement existé n'y change pas grand-chose, pas plus que des costumes dont l'authenticité est sujette à caution. L'action du film se déroule en fait dans une sorte de parenthèse historique. Un signe visuel en est donné au début : le livre enluminé pseudo-médiéval qui s'ouvre, auquel répond à la fin la grande porte qui se referme sur le couple de héros. Robin et ses joyeux compagnons ont vécu dans un repli du temps. Ils ont eu le loisir, pendant cette courte phase, de vivre en dehors des contraintes de la socialité imposée et de créer leurs propres règles. Le mythe de Robin véhiculé par les films met en branle les structures de conte et les archétypes, ce qui nous transportera bien loin du réel historique de 1938.

Chapitre 7
Réappropriations européennes et figures de substitution

Robin des Bois et ses joyeux compagnons *de K. Annakin (1952).*

Le « rapatriement » de Robin des Bois en Grande-Bretagne

Nous avons vu que les films hollywoodiens prenaient toujours soin de donner une couleur « européenne » à leurs Robins des Bois, fût-ce par le truchement d'un acteur australien, ce qui n'empêchait pas une américanisation galopante du héros et de sa geste. Dans ces conditions, le retour de Robin des Bois sur le sol britannique au lendemain de la Deuxième Guerre mondiale est à relever. Ce phénomène s'explique par un faisceau de raisons. Le réveil de la fierté nationale dans le pays qui résista seul à l'Allemagne nazie en est une déterminante, mais ce retour a été rendu possible par la résurrection du cinéma britannique à la fin des années 40. Sous l'impulsion du producteur Alexandre Korda (dès la fin des années d'avant-guerre), puis de réalisateurs-producteurs comme Powell et Pressburger, le cinéma anglais se fit un temps une spécialité des films historiques. Il bénéficia sans doute d'un certain déclin américain dans ce secteur. Enfin, l'hypothèse que le Robin qui revient dans sa terre d'origine est désormais largement yankee est envisageable. Ces Robins britanniques relèvent autant de la colonisation culturelle que d'un sursaut national.

• Robin des Bois et ses joyeux compagnons (1952)

Le film produit en 1952 par Walt Disney Pictures, *The Story of Robin Hood* (*Robin des Bois et ses joyeux compagnons*), réalisé par Ken Annakin, ne contredira pas cette hypothèse. C'est après le succès de *L'Île au trésor* en 1950 que Disney prit la décision de produire systématiquement des adaptations du patrimoine littéraire anglais pour des films avec acteurs. Ils seront tournés en Grande-Bretagne et distribués par RKO/Disney British. Ce sera le cas de ce *Robin des Bois*, sur un scénario de Lawrence Edward Watkins inspiré en bonne partie d'Anthony Munday. Disney avait en effet un souci : se démarquer du film de Curtiz, et donnait une consigne : « Faire du Disney » avec le patrimoine, quel qu'il soit. On retrouvera dans ce film certaines situations incontournables désormais (la rencontre Robin/Petit-Jean, la traversée de la rivière sur le dos de frère Tuck, le tournoi d'archers, etc.), mais on en empruntera quelques autres aux ballades médiévales. On va transformer Alan-a-Dale en narrateur de l'histoire ; on va inventer quelques détails qui marqueront le public de l'époque, comme celui des flèches sifflantes qui ont un son différent selon le type d'intervention qu'elles sanctionnent. Surtout, ce film reprend et popularisera l'histoire d'un Robin, fils d'un modeste garde-chasse du seigneur Huntingdon

Le regard perçant de Richard Todd dans le film Robin des Bois et ses joyeux compagnons *de K. Annakin (1952).*

et non plus noble lui-même. Robin Fitzhoot est amoureux de la fille de son seigneur, Marianne, son amie d'enfance et sa camarade de jeux (ils se mesuraient au tir à l'arc). Celle-ci est entrée au service de la reine Eleanor. Le départ de Richard pour la croisade et la régence du prince Jean bouleversent cette existence paisible. De Lacy remplace le shérif de Nottingham. Il pressure les paysans de taxes afin de se constituer une armée et il spolie le comte Huntingdon de son fief. Un homme de mains de De Lacy tue le père de Robin, ce dernier n'ayant pas voulu entrer à son service. Dès lors, on retrouve la situation connue : la troupe des hors-la-loi se constitue et prend la défense des paysans opprimés. Mais un élément nouveau a été ajouté. La reine Eleanor cherche à rassembler la rançon destinée à délivrer son fils. Marianne, décidée à l'aider, se fait envoyer chez les proscrits sous un déguisement de page. Elle convainc Robin et les compagnons d'apporter leur obole, ce qu'ils font sans hésiter, contraignant le shérif à contribuer lui aussi. En dépit des manœuvres de ce dernier – qui fait même arrêter la jeune fille –, Richard, délivré, revient, et la scène canonique des retrouvailles et du pardon royal s'assortit d'une récompense : Robin est armé chevalier et reçoit le titre de comte de Locksley.
Une inversion de schéma fait que désormais l'adoubement (qui est doublé d'un hommage, avec lequel on le confond souvent au cinéma) est une rétribution pour services rendus qui permet l'ascension sociale du héros. Il se place donc en conclusion du récit comme dans les contes de fées.
On reconnaît la fabrique Disney à ce trait, ainsi qu'à un certain nombre de détails : les intermèdes burlesques (avec frère Tuck) placés entre les scènes dramatiques, et l'idéologie bien pensante du couple (Marianne et Robin sont promis l'un à l'autre depuis le début : ce n'est plus l'aristocrate normande découvrant un monde inconnu d'elle et « s'encanaillant »). Cela paraît plus américain que britannique ; en revanche, le Robin interprété par Richard Todd, qui sera très populaire, se situe aux antipodes d'Errol Flynn. Autant

l'un est dynamique, ironique et bravache, autant l'autre est calme et posé. Dira-t-on que c'est un Robin « churchillien » ? Il réfléchit avant de prendre ses décisions, il ne désespère jamais de la situation, il recourt aux ressources que lui dicte sa ruse. De là à penser que l'Angleterre, que le prince Jean veut mettre en coupe réglée, est une métaphore de l'Europe occupée, et que la forêt de Sherwood représente l'îlot de résistance britannique, il y a un pas que bien des spectateurs ont dû mentalement franchir.

• La série télévisée avec Richard Greene (1956)

C'est la télévision naissante qui assurera la plus large audience et la popularité la plus durable au *Robin des Bois* britannique. En 1955, la chaîne commerciale Sapphire Films met en route un feuilleton qui comptera 143 épisodes de 25 minutes diffusés de février 1956 à novembre 1960 sur ITC. Parmi les réalisateurs, on relève le nom de Terence Fisher, plus connu pour ses films fantastiques pour la Hammer. Ce feuilleton sera l'un des plus grands succès du petit écran au début des années 50 ; de multiples rediffusions, dans beaucoup de pays du monde, assureront sa pérennité. La chanson du générique sert encore d'hymne au club de football de Nottingham !
Robin Hood, Robin Hood, riding through the glen/Robin Hood, Robin Hood, with his band of men…
Quand on revoit cette série rééditée en vidéo aujourd'hui, on a quelque mal à comprendre ce triomphe. Comme le remarque Stephen Knight (1999), le plateau de tournage – tout est filmé en studio – est minuscule, la profondeur de champ conséquemment nulle, les figurants peu nombreux disposent d'un espace réduit pour bouger, la réalisation est plate… Ce qui ne l'empêche d'avoir encore ses fans (David Turner). Richard Greene, acteur peu charismatique pourtant, interprète un Robin sage, « responsable comme un chef d'escadron » (S. Knight). Il avait un passé d'interprète athlétique de *swashbuckler* (cape et épée). Mais je pense que ce *seri-*

al doit son succès avant tout au besoin d'histoire des spectateurs de cette époque, que la structure sérielle imposée par le feuilleton télévisé comblait parfaitement. Chaque épisode boucle une anecdote posée sur des bases simples que l'on peut renouveler facilement sans décevoir le plaisir de la répétition à l'identique, fondamental dans le phénomène de la série.

Dans le pilote, Robin revient de croisade pour récupérer son fief de Locksley. Il retrouve son château occupé par un seigneur normand, Roger de Lisle, substitut du prince Jean dans cette version. Celui-ci le fait passer pour un imposteur : le vrai Locksley est censé être mort outre-mer. Saisi par Robin, le shérif fait mine de reconnaître ses droits mais c'est pour l'attirer dans un guet-apens. Robin est conduit à tuer lui-même de Lisle en légitime défense. Le voilà contraint de rejoindre la forêt. Il y trouve une bande de proscrits bien organisé, dirigé par un Will Scarlett barbu et costaud. Il s'opposera à diverses reprises aux conceptions de ce dernier, plus intéressé par l'argent que par l'altruisme, mais qui se rachètera par une mort héroïque au sixième épisode. Ainsi notre héros, qui ne l'était pas initialement, peut devenir le chef des proscrits. Il lui a fallu passer par une période probatoire comme dans les histoires de gangsters. Une autre particularité est le statut de Marianne : c'est une amie d'enfance de Robin, comme chez Disney. Aussi, quand les *outlaws* dérobent le trésor de Fitzwater, son père, Robin insiste pour le lui rapporter. Mais ses compagnons s'y opposent. La jeune femme demande au shérif de l'utiliser pour attirer Robin dans un piège. En présence de Robin, son amour se réveille et provoque un renversement de situation. Elle le sauve. On la met en prison et elle est condamnée à la potence, mais elle est sauvée le jour de l'exécution par un Jugement de Dieu… Cette Marianne devient une sorte de Guenièvre dont Robin serait le Lancelot. Le vieux schéma culturel s'est réactivé.

Stephen Knight met l'accent sur l'idéologie de ce *serial*, très marqué par l'époque. « On présume, dit-il, que les communautés existent réellement et que le peuple mérite qu'on s'occupe de lui. Il peut y avoir une résistance cohérente aux possédants et aux puissants. Il faut y voir l'esprit des réformistes des années 40 [...], mélange de survivance du travaillisme britannique, et de l'impact des scénaristes américains *black-listés* réfugiés en Europe. » Il faut croire que l'Hollywood de la guerre froide était trop conformiste et trop craintif pour faire une place au héros de Sherwood ; celui-ci trouva donc pour une ou deux décennies refuge en Europe.

De l'Angleterre aux cinématographies latines

Au long des décennies de l'après-guerre, il s'est produit un processus remarquable : l'axe de production s'est déplacé vers les cinématographies européennes, en « descendant » vers les pays latins (France exclue). Cela fait penser à l'évolution du western depuis le milieu des années 60. L'Italie se taille ici la part du lion. Mais il existe aussi au moins deux Robins espagnols (1971 et 1975), résultats de coproductions.

En termes de génétique transtextuelle, ces films représentent un cas typique de continuations. Parmi les diverses catégories qu'a établies Gérard Genette, les films sur Robin des Bois en représentent deux : les continuations vers l'avant, qui racontent « la suite » des versions classiques de la geste, assez bien représentées par la sous-série des *Fils de Robin des Bois* ; et les continuations à caractère défini juste après, qui prétendent « combler les trous » laissés dans les versions classiques, quitte à laisser penser que les personnages ont dû vivre cent ans pour accomplir tous les exploits qu'on leur prête, si on les additionnait, et à supposer une distension énorme du temps historique (sachant que Richard Cœur de Lion n'a été absent d'Angleterre que quatre ans).

Un examen approfondi de la filmographie permet de dater cette production secondaire, qui n'apparaît, en tout état de cause, qu'après le film de Curtiz (1938). Jusqu'en 1946, ces *Aventures de Robin des Bois* ont comme stérilisé la production sur le sujet. En 1952, le film de Ken Annakin produit par Disney offrait la dernière « somme » avant longtemps ; désormais, les réalisateurs choisiront de raconter un nouvel épisode dans lequel intervient Robin, et non tout le développement de son histoire. Dès le début des années 60 commence la vague italienne et italo-espagnole qui va durer jusqu'aux

premières années 70. Elle infligera au film « robinesque » la même dérive baroque que le western latin, les mêmes traitements irrespectueux qui finiront par lui injecter un sang nouveau, tout en provoquant, bien sûr, des dérapages de thématique et de contenus. Un silence relatif s'ensuit au milieu des années 70, que troue seulement un film à tous égards singulier, celui de Richard Lester, *La Rose et la flèche*. Le *revival* de Robin des Bois au début des années 90 est imputable à la mode relative qui réactualise les sujets médiévaux, après le succès d'*Excalibur*, mais il est sans doute tout aussi redevable au film de Lester.
Au sein de cette abondante production, une innovation se caractérise par des déplacements historiques et des déplacements géographiques.

• Les déplacements historiques

Un phénomène particulier de l'après-guerre, *Les Fils de Robin des Bois*, amenait à déplacer l'action, en principe, d'une vingtaine d'années en aval. Richard Cœur de Lion disparaît de l'intrigue, et nous nous trouvons sous le règne de Jean sans Terre. Le problème tient à ce que celui-ci n'est plus en position d'usurpateur. Il va donc falloir lui substituer d'autres personnages dans cette fonction. L'ex-prince Jean est désormais attaché à une autre l'image : celle d'un despote paranoïaque, ce qui déplace l'objectif de l'action de Robin, qui devient un militant contre la tyrannie. Ainsi, dans *Rogues of Sherwood Forest* (*La Revanche des gueux*), (1950), Jean sans Terre a décidé de détruire les institutions démocratiques léguées par son frère Richard ; il recrute des mercenaires flamands qu'il paie en écrasant le peuple de taxes. Le fils de Robin des Bois prend alors le maquis dans la forêt de Sherwood, à l'exemple de ce que fit son père. Jean est finalement fait prisonnier, conduit en Flandres et contraint à signer la Grande Charte. *Bandits of Sherwood Forest* (*Le Fils de Robin des Bois*), le premier de la série en 1946, se situe encore plus tard. Le régent, William de Pembroke, Guillaume le Maréchal, héros d'un livre de Georges Duby, projette d'assassiner l'enfant-roi Henri III. Le fils de Robin d'Huntingdon réunit alors l'ancienne bande de son père pour lutter contre l'usurpateur et sauver le jeune roi. Dans *The Son of Robin Hood* (*Robin des Bois Don Juan*, 1958), le rejeton de Robin se trouve être… une fille ! Derring Hood (c'est son nom), déguisée en garçon, réussit à sauver Jamie, le jeune frère du régent, et met les anciens compagnons de son père au service de sa cause. Les scénaristes ont voulu innover, mais n'ont pas poussé la hardiesse trop loin : le chevalier servant de la jeune fille lui dérobe le rôle de leader ; elle a besoin d'une épaule masculine sur laquelle s'appuyer. C'est le Duc Noir qui, cette fois, fait emprisonner le régent. Tout semble se passer comme si, d'un film au suivant, les traîtres se remplaçaient l'un l'autre dans un jeu de bonneteau, à l'infini. Ces personnages, du coup, sont de moins en moins historiques et de plus en plus archétypaux.

Certains films remontent au contraire un peu le cours du temps. Dans deux des films Hammer des années 50, Robin doit déjouer un complot d'aristocrates projetant d'assassiner le représentant légal du pouvoir : le roi Richard lui-même dans *Men of Sherwood Forest* (*La Revanche de Robin des Bois*), et l'archevêque-chancelier d'Angleterre dans *Sword of Sherwood Forest* (*Le Serment de Robin des Bois*), film anglo-américain produit par Hammer et Columbia dans lequel Richard Greene reprenait le rôle qu'il avait tenu dans la série télévisée. Déjà, dans cette seconde version, on ne sait plus très bien qui est censé régner sur l'Angleterre : les récits commencent à se désancrer.

Les suites italiennes pousseront plus loin ce désancrage. L'une d'elles, par exemple, *Capitane Fuoco* (*La Flèche noire de Robin des Bois*), est censée se passer à la fin du XIIIe siècle. Il n'y est plus question du royaume d'Angleterre sous le roi Richard Ier. Nous sommes dans un pays européen indéterminé à une époque féodale mal située, l'important étant seulement que des seigneurs se fassent une guerre sans pitié et que l'un soit bon tandis que l'autre serait fourbe et cruel.

• Les déplacements géographiques

Longtemps, la légende de Robin a été référentiellement attachée à l'Angleterre. Le soin apporté au choix des acteurs en était un indice, comme le souci d'aller tourner dans les îles britanniques. Mais ce lien historico-géographique se distendra peu à peu dans la série des films qui ne retiennent que la trame événementielle. Dès lors, comme un schéma de conte populaire, elle peut s'actualiser presque partout. On rencontre donc des Robins des Bois menant leur activité en Italie. *Il Cavaliere dai centi volti* (*Le Retour de Robin des Bois*, 1960) amène Robin à s'opposer au sinistre comte Fosco de Valbrune, lequel, non content de lui avoir volé un pendentif en or qu'il avait offert en ex-voto, prétend encore épouser sa fiancée, Blanche, et, après avoir assassiné le frère de celle-ci, fait accuser du meurtre le malheureux Robin. Tout ceci aurait pu se passer ailleurs, mais... Ce déplacement en Italie avait été inauguré par *La Flèche et le flambeau*, film américain tourné par Jacques Tourneur en 1950, où une telle transposition avait un sens.

De la sédentarité au nomadisme

En 1961, Robin des Bois inaugure une carrière de voyageur lointain, que l'on retrouvera dans plusieurs des continuations ultérieures. Jusque-là, le héros était sédentaire, il restait attaché à la terre anglaise, tandis que son roi conduisait la croisade au loin : c'était même l'une des conditions de base de la légende. Désormais, il part lui aussi. *Robin des Bois et les pirates,* une autre de ces productions italiennes, imagine donc que, ayant accompagné son suzerain, il a été capturé sur le chemin du retour par des pirates qu'il a su retourner en sa faveur. Quand il débarque dans un comté de Sherwood bouleversé, ces compagnons de fortune lui offriront la main d'œuvre rêvée pour son entreprise de restauration de l'ordre. La fantaisie n'est pas étrangère à cette réécriture. Mais elle attire notre attention sur la nécessité que semblent avoir éprouvé les scénaristes, à partir d'une certaine date, à introduire un ailleurs dans le préambule et l'arrière-plan de leur histoire, rejoignant par un chemin détourné l'ossature du récit telle que l'avaient voulue Alan Dwan et Douglas Fairbanks. C'est dans le même état d'esprit (la part de fantaisie y étant tout de même moindre) que Kevin Reynolds, trente ans plus tard, commence par un préambule qui se déroule en Terre Sainte. De ce voyage éprouvant, Robin ramène un nouveau compagnon, un Maure, qu'il introduit sur le sol anglais, et qui remplacera avantageusement les Will Scarlett et Petit-Jean de jadis (ceux-ci sont toujours là, mais réduits à l'état de comparses). Ce personnage introduit un regard venu d'ailleurs, de même que le héros est allé voir ailleurs. Voilà Robin associé aux voyages maritimes, ce qui est loin des données fondamentales de sa mythologie, qui étaient liées à la terre et à l'air... même si l'on trouvait des pirates dans certaines parties de la geste.

Par voie de conséquence, la galerie des méchants va se diversifier. Jean sans Terre connaît des absences. Il n'est pas question de lui, par exemple, dans le film de Kevin Reynolds, alors que le film concurrent de John Irvin lui réserve une bonne place. Là, il se présente au château du baron Daguerre, un baron normand. Il vient annoncer qu'il tient à restaurer l'ordre selon ses idées, ainsi définies : « respecter les droits de féodalité sans lesquels l'Angleterre retournerait vers l'anarchie des jours anciens », ce qui signifie plus clairement : « Je ne laisserai aucun Saxon narguer les Normands. » Le comte Daguerre se décide donc à rompre avec lui. En revanche, le film de John Irvin ne représente pas le roi Richard, interprété par Sean Connery, alors que celui de Kevin Reynolds le fait arriver, très classiquement, au moment du dénouement. Tout se passe comme si les deux films, dans un souci de partage du marché, s'étaient répartis les deux figures royales. Mais il est fréquent que, dans ces suites, d'autres méchants aient la vedette. Le shérif de Nottingham (dans le film de Ken Annakin), le régent Pembroke (dans *Le Fils de Robin des Bois*), l'intendant du château de Sherwood (dans *Robin des Bois et les pirates*), et, bien souvent, diverses figures de seigneurs normands tyranniques et dégénérés, héritiers du sir Guy des versions classiques, qui ont tous le point commun d'avoir spolié le héros à un moment ou à un autre. Il semble que les scénaristes aient voulu renoncer au personnage du prince Jean, pour des raisons diverses, et se soient senti obligés à faire de la surenchère par compensation.

On est à deux doigts de franchir les limites du genre. Il existera d'ailleurs un Robin des Bois dans le style du film de karaté *Robin Hood, frecce, fagioli e karate* (*Robin des Bois, flèche et karaté* – le titre français n'a pas osé garder les haricots). La contamination avec le film de pirates a déjà été signalée. Il a existé au moins un Robin des Bois érotique (*Les Aventures amoureuses de Robin des Bois*, film allemand d'ailleurs). Quant au burlesque, il s'insinue depuis longtemps dans le genre, avant de déboucher sur les parodies qui ont fait écho aux grands succès. En 1956, *The Court Jester* se réfère au film de Curtiz. Basil Rathbone y reprend lui-même son rôle de méchant. Le chef de bande est baptisé *Black Fox* ; Danny Kaye, qui a la vedette, n'est que l'un de ses hommes. En 1993, le film de Mel Brooks, *Sacré Robin des Bois* (*Men in Tight*), est une parodie directe du film de Kevin Costner.
Tous ces remaniements scénaristiques ont pour conséquence des infléchissements thématiques. Les plus importants concernent le sens à donner à la révolte. Le conflit des nationalités, que le film de Curtiz avait remis à l'ordre du jour, est évacué d'une partie des suites. Le film de Ken Annakin pour Disney, par exemple, n'y fait aucune allusion, alors que d'autres le font resurgir, au tournant des années 50 et 60 : *A Tale for Robin Hood* (1951), *A Challenge for Robin Hood* (1967), en attendant le film de John Irvin (1991) où il occupe une place centrale. Ce thème a bénéficié d'un véritable effet de mode au lendemain de la Deuxième Guerre mondiale. Soit que l'on ait voulu faire allusion à la situation d'une Angleterre qui aurait pu être envahie ; soit qu'on ait voulu rapporter la légende à la situation de pays occupés, comme l'a fait *La Flèche et le flambeau*, inaugurant la série. À propos de *La Revanche des gueux* (1950), l'*Index de la cinématographie française* écrivait de manière candide : « La lutte du maquis démocratique contre le tyran fasciste est transposée au temps de Jean sans Terre. »

Sean Connery en roi Richard Cœur de Lion dans le film de R. Lester La Rose et la flèche *(1976).*

La contamination de Guillaume Tell

Les pays germaniques ont eux aussi une forte tradition populaire du bandit d'honneur, auquel la tragédie de Schiller (1781) avait donné ses lettres de noblesse. Ces personnages (Schinderhannes par exemple) ont fourni tout un cycle de films spécifiques. Cela peut expliquer que Robin des Bois n'ait pas inspiré le cinéma allemand ou autrichien.

Un cas très intéressant est celui de Guillaume Tell, le héros fondateur de la nation helvétique. Ce personnage aurait pu fournir une alternative continentale au héros insulaire. Pourtant, il ne parvint pas à accéder au véritable statut de mythe au cinéma. Serait-ce en raison du particularisme helvétique ? Ou parce que les Suisses s'en sont jalousement réservé la propriété ? La vraie raison est plutôt qu'un autre mythe, un peu trop proche sur le plan de l'imaginaire, lui a fait ombrage : précisément celui de Robin des Bois. Deux éléments ont contribué essentiellement à la popularité de la légende de Tell : l'épreuve de la pomme, dont on sait aujourd'hui qu'il s'agit d'un conte type d'origine scandinave, et l'arbalète, emblème du héros, qui est une arme « paysanne » par ses connotations : elle fait sortir Guillaume de la norme héroïque (son arme n'est pas noble) et l'installe dans la galerie des héros plébéiens. Voilà qui le rapproche de Robin de Locksley, bien qu'il existe une nuance entre l'arbalète, arme du premier, et l'arc, attribut du second. Nuance trop ténue, pourtant, pour empêcher des empiètements. Peut-être aussi l'arc comporte-t-il une charge imaginative plus forte que l'arbalète, dont le caractère mécanique est un peu « froid ». D'autre part, Guillaume Tell est un homme mûr, chargé de famille, ce que n'est pas le Robin légendaire. Le héros a néanmoins été porté une trentaine de fois à l'écran, et pas seulement dans des films suisses. L'un d'entre eux est un projet de film italo-américain que devait produire et interpréter Errol Flynn en 1953, à une époque où l'acteur américain s'efforçait de préparer un *come-back* qui n'aura finalement jamais lieu. La présence de Flynn au cœur de ce projet n'est pas indifférente, loin de là. L'interprète de Robin des Bois confirmait que Tell est un avatar du héros de Sherwood. Les images qui restent du film (il demeura inachevé après un début de tournage dans la vallée d'Aoste sous la direction de Jack Cardiff) confirment cette impression. On y voit par exemple Flynn-Tell, en bottes et collant de cuir vert, le calot de feutre sur la tête, assis sur un rocher dans la forêt et conversant avec ses compagnons dans une disposition qui décalque celle de la scène de la clairière du film de Curtiz. Que l'échec de l'entreprise s'explique par les malversations des coproducteurs italiens ou par les mauvaises affaires du manager de Flynn à Hollywood, ou par la déchéance de l'acteur, il n'en reste pas moins que ce *Guillaume Tell* ne réussit pas à se placer sur orbite, comme si son modèle anglais lui avait porté trop d'ombrage.

En 1950, trois ans plus tôt, une mouture originale des thèmes mis à la mode par le film de Curtiz avant-guerre devait aboutir à une sorte de chef-d'œuvre : c'est *La Flèche et le flambeau*, film américain de la Warner réalisé par Jacques Tourneur. Celui-ci, sur un scénario de Waldo Salt, réussit à conjuguer la tradition « épique » hollywoodienne (*Robin des Bois* a été réalisé dans les mêmes studios dix ans auparavant) et la fantaisie italienne. L'action est censée se dérouler au XIIe siècle dans une Lombardie asservie par les vassaux de Frédéric Barberousse. Costumes, décors, coiffures, mœurs y témoignent de beaucoup de désinvolture par rapport au réalisme historique ; mais le film fait un système de ces mélanges parachroniques. Cette méthode du collage trouve du sens dans les décors où elle est surtout visible, où elle trouve du sens. Les hors-la-loi tiennent leur repaire dans des ruines romaines au cœur de la forêt. Le cimetière des anciens dieux, désormais proscrits, leur convient à

Burt Lancaster dans le film de J. Tourneur La Flèche et le flambeau *(1950).*

merveille, au prix d'une inversion sémantique, comme le souligne l'un d'entre eux : « Les anciens dieux sont devenus hors-la-loi ; quant à nous, vivons donc comme des dieux ! » En contraste, le château des oppresseurs est occupé par une salle immense, au plafond invisible tant il est haut, coupée de solennelles voûtes et de tribunes inutiles : l'apparat d'un décor glacé. Virgina Mayo incarne Anne de Hesse, une belle aristocrate qui prendra le parti des révoltés. Face à elle, Dardo, le chef, a revêtu l'« uniforme » conventionnel de sa fonction : veste de daim, pantalon collant, sandales à lanières. Burt Lancaster y reprend le flambeau d'Errol Flynn, en l'agrémentant de sa spécialité, les acrobaties. Il s'est adjoint son complice de piste, Nick Cravat, dans le rôle du faire-valoir. La dimension ludique reste très présente. Elle s'affiche au dénouement, où les héros se déguisent en saltimbanques pour pénétrer dans le château dont ils prendront le contrôle. Les autres figures, en particulier le « vilain » de cette histoire, le comte Ulrich de Hesse, sont empruntées à l'iconographie déjà constituée du film de chevalerie hollywoodien.

Le scénario repose sur un solide schéma « scottien ». Il met d'abord en opposition deux nationalités, les Lombards et les Germains, et l'on y retrouve sans surprise le schéma robinesque, à cette nuance près que Dardo, le héros, n'est plus un personnage médiateur. C'est un patriote et un homme du peuple. En effet, la particularité de ce film est d'avoir accentué la dimension « lutte des classes ». Comme dans la légende de Guillaume Tell, ce sont des paysans et des villageois qui sont ici opprimés. On assiste à une prise d'otages et à une exécution publique qui éveillaient évidemment les souvenirs d'un passé immédiat. On trouve même un personnage de traître de classe, en la personne du marquis de Granezia, qui a rejoint les conspirateurs pour se soustraire à la disgrâce du comte Ulrich, mais qui n'hésitera pas à trahir lâchement ses camarades quand ses réflexes d'ancien aristocrate reprendront le dessus… La conclusion du film reste étrangement ouverte : Dardo réussit à tuer d'une flèche l'oppresseur, mais on ne nous dit rien de ce qui doit se passer ensuite, ni aux mains de qui sera remis le pouvoir vacant. Il est évidemment tentant de faire le rapport de cette situation avec celle des pays de l'Europe récemment libérés. Or, le scénariste, Waldo Salt, était connu pour son engagement politique. Comme l'a écrit Gérard Lefort, « le scénario décline, avec une certaine finesse, toutes les dialectiques d'une situation contrastée : l'aspiration d'un peuple à la liberté, mais à l'affût d'un chef charismatique […], les équivoques des notables qui oscillent sans cesse entre la résistance et la collaboration », et d'ajouter : « En plein boum maccarthyste, ces subtilités n'échappèrent pas à la sinistre commission sur les activités antiaméricaines, et Waldo Salt fut prestement *black-listé*. »

La Flèche et le flambeau représente la fécondation réciproque du mythe de Robin et de celui de Guillaume Tell. À l'un est empruntée la dimension de *leader* populiste, à l'autre, celle de libérateur du territoire national. Il est clair que cette synthèse était congruente aux préoccupations politiques de l'Europe libérée et entrant dans la guerre froide.

Toute la dextérité de Robin des Bois incarné ici par Burt Lancaster dans le film de J. Tourneur La Flèche et le flambeau *(1950).*

Y a-t-il une carrière française de Robin des Bois ?

Dans cette efflorescence de films sur Robin, la France est singulièrement absente. Comment expliquer cette imperméabilité à un mythe devenu international ?
Avant d'émettre quelques hypothèses, il convient de dire que cette stérilité ne concerne que le cinéma. Robin des Bois est bien présent dans la culture populaire française par ailleurs. La bande dessinée l'atteste tout particulièrement. Mais souvent, ce n'est pas Robin des Bois en personne qui est présenté, mais un héros de substitution, fabriqué sur le même modèle. Il y a eu par exemple un *Roland, prince des bois*, de Kline et Marijac, qui parut de 1949 à 1953 dans *Coq hardi*, un journal pour enfants issu de la Libération. En dépit de son patronyme qui fleure bon la douce France, ce Robin-là est très clairement inspiré par Errol Flynn. Il est le premier d'une longue série dans les journaux illustrés… C'est le même phénomène de substitution, qui explique la non-présence directe du héros anglais sur les écrans français.

• La tentative tardive de Dumas

Les romanciers avaient pourtant montré le chemin. Au premier rang d'entre eux, le pape de la littérature populaire, Alexandre Dumas. Deux courts romans sous sa signature parus en 1872 et 1873 portent les titres *Le Prince des voleurs* et *Robin Hood le proscrit*, que l'on regroupa plus tard en un volume. Ils sont parmi les moins connus de leur auteur, mais ils eurent pourtant une certaine audience. Dumas a peu inventé pour les écrire, si bien qu'on le soupçonna même de plagiat. En effet, l'histoire qu'il raconte est très proche de *Robin Hood and Little John*, roman victorien de Pierce Egans (1848) qui eut un immense succès jusqu'en 1896. Kevin Carpenter présente celui-ci comme caractéristique de la littérature destinée aux classes populaires : morts violentes, rencontres amoureuses, enlèvements, combats, incarcérations et délivrances... Il n'est pas surprenant que ces ingrédients aient attiré Dumas. Le romancier avait une autre raison de s'intéresser à Robin des Bois : c'est le thème qui lui est cher du justicier masqué, du redresseur de torts dans un pays vassalisé par un pouvoir usurpé. Le roman, qui compte beaucoup de dialogues (il fut d'ailleurs porté sur les planches), suit grossièrement le développement de la geste jusqu'à la mort de Robin. De longs tunnels sont consacrés aux stratégies matrimoniales des divers héros et à des actions secondaires comme celle du chevalier Richard de la Plaine. De temps à autre, les idées de l'auteur pointent le bout de l'oreille : son anticléricalisme trouve à s'exprimer, tout comme son obsession de la revanche des trahis. L'Angleterre de Jean sans Terre est peut-être à prendre comme une métaphore de la France de la Restauration, et le retour de Richard Cœur de Lion a quelque chose des Cent Jours... Dans ce contexte, la seconde partie qui se déroule sous le règne de Jean a une tonalité désabusée. On y voit d'ailleurs la mort de Marianne, le dégoût de vivre qui saisit Robin, et sa mort causée par l'abbesse de Kirklees. Dumas termine sur le symbole de la flèche tirée vers le lieu où le héros veut être enterré.

Le roman de Dumas fut traduit en anglais en 1903. Les cinéastes s'intéresseront épisodiquement à cette source quand ils chercheront à renouveler leur inspiration. On peut citer : *The Prince of Thieves* (film américain de Howard Bretherton, 1948), *Il Trionfo di Robin Hood* (Umberto Lenzi, 1963), et *Robin Hood, el arquero invencible* (espagnol, réal. José Luis Merino, 1971). Il s'agit, à vrai dire, de « belles infidèles », Dumas servant surtout de caution pour les innovations et fantaisies que s'autorisèrent les scénaristes. Dans le premier, plus fidèle au romancier français, il s'agit d'empêcher un droit de cuissage et de rendre possible un triple mariage, celui de Robin et Marianne, celui du frère de celle-ci, Allan, et de sa promise que le baron se réservait, enfin, celui de Petit-Jean et de la servante de cette dernière (les amours ancillaires accompagnant celles des maîtres, comme il est fréquent dans les films de cape et d'épée). Dans le film italien, Marianne a même disparu, remplacée par une certaine Anna, dans le rôle de la fiancée de Robin. Ce film pousse loin la fantaisie et l'amalgame : dans la troupe des joyeux compagnons, on découvre un chevaleresque Ivanhoé et un paillard Quasimodo… Souvenons-nous qu'on était à l'époque où Hercule rencontrait Samson, Maciste ou Antinéa, dans le péplum à son âge baroque… Même ce roman de Dumas n'a pas eu de succès auprès des cinéastes français. Pourquoi Robin des Bois n'a-t-il pas « pris » dans notre cinématographie ?

La première raison est d'ordre politique. Robin des Bois n'est pas républicain… Le légitimisme monarchique du héros de Sherwood a peut-être fait écran auprès d'une nation qui fait remonter sa scène originelle (ou au moins l'une de ses scènes) à la décapitation de son roi. Les Anglais, eux (l'épisode de Cromwell mis à part), n'ont pas rompu avec la continuité dynastique, image même de la pérennité de la nation. La conclusion où le chef des *outlaws* fait allégeance au roi légitime de retour sur sa terre avait tout pour leur convenir. En somme, on a tout loisir de voir dans Robin le *leader* de l'opinion publique, une sorte de Premier ministre, à côté d'un roi garant de l'unité nationale. Mais cet argument ne résiste pas à l'examen. Comment expliquer, dans ce cas, le succès du hors-la-loi et de ses compagnons dans un pays comme les États-Unis ? C'est bien que le légitimisme de Robin peut être transposé dans n'importe quel régime démocratique. Bien plus qu'un roi, Richard Cœur de Lion est avant tout un symbole de la continuité de l'État. Le succès de Robin des Bois en France, où les films américains touchent malgré tout un vaste public, s'expliquerait alors par l'attachement à une forme de monarchie républicaine dans laquelle les révoltés sont écoutés par un pouvoir bienveillant et finissent par rentrer dans le rang.

• Les ersatz français : Cartouche, Thierry la Fronde, Astérix…

Pour rendre compte du fait que le cinéma français n'ait jamais produit de *Robin des Bois*, il faut plutôt invoquer une raison propre à la production cinématographique elle-même. La France, laissant le film de chevalerie à ses concurrents, s'est spécialisée dans un genre voisin, le film de cape et d'épée. Elle a troqué l'armure et la joute contre le fleuret et l'escrime ; ce faisant, elle a glissé en aval, vers les XVIIe et XVIIIe siècles, période d'ailleurs la plus féconde en bandits d'honneur. À côté des D'Artagnan, Lagardère, Pardaillan et autres Sigognac, on rencontre en effet dans ces films plusieurs figures de bandits légendaires. Cartouche, dont les exploits se déroulent sous la Régence, a été le héros de trois films (Jacques Daroy, 1934,

J.-P. Belmondo dans le rôle de Cartouche, inspiré de Robin des Bois, accompagné de C. Cardinale dans le film du même nom de Ph. de Broca (1961).

Astérix, l'un des héritiers du personnage de Robin des Bois dans le film d'Uderzo et Goscinny Astérix le Gaulois *(1967)*

Guillaume Radot, 1950, et Philippe de Broca, 1961). Le fougueux brigand finit par rendre service au Régent en démasquant le complot du duc de Maine, ce qui lui évite l'exécution, transformée en déportation en Lousiane. Mandrin (film de René Jayet, 1947) n'eut pas cette chance : le héros dauphinois, redresseur de torts en compagnie de son fidèle Sansonnet, multiplie embuscades et enlèvements pour faire pièce au tyrannique et cruel fermier général, mais il est finalement conduit au supplice, à cause de la trahison de son ennemie jurée, la Pompadour. L'émotion que provoque son exécution annonce les premiers ébranlements de la Révolution. Néanmoins, dans le film plus ancien d'Henri Fescourt (huit épisodes, 1923), les auteurs ont imaginé que le brigand échappe à l'exécution (un malandrin aurait pris sa place), selon une version qu'ils attribuent à Voltaire. Maurin des Maures (André Hugon, 1932) et Gaspard de Besse (André Hugon, 1935) représentent deux variantes régionales du bandit rural. Ce sont deux précurseurs de 1789. Le second, surtout, admirateur de Mandrin, ressemble au hors-la-loi de

Sherwood. À la tête de soldats déserteurs et de voleurs, il prend aux riches pour donner aux pauvres ; mais il est arrêté, roué sur la place publique, et il meurt pour la liberté.

Pierre Guibbert a récapitulé quelques traits du héros de film de cape et d'épée qui le rapprochent de notre modèle. C'est soit un paysan, issu d'une véritable aristocratie terrienne, soit un jeune homme de petite noblesse mais de vieille extraction. Il est pourvu de toutes les qualités physiques et morales. « L'honnêteté de cette pauvreté et la légitimité de ces origines qualifient le héros du film de cape et d'épée pour être l'instrument du Bien et l'épée de la Justice. » Il bénéficie souvent d'une ascension sociale et « son penchant à secourir les dames n'est pas l'unique mobile de ses exploits : tout aussi déterminante est sa fidélité au trône ». Il est « lié au roi, il est habité par le principe monarchique ». Culturellement, il est intermédiaire entre les valeurs plébéiennes et les valeurs bourgeoises, il incarne la synthèse idéale voulue par la République. Ajoutons qu'il est un instrument du progrès historique. S'il meurt, c'est en « héros positif », martyr de la future cause républicaine. S'il survit et s'intègre, c'est que son époque et son monarque sont une préfiguration des valeurs à venir.

On peut donc penser que ce sont ces héros de l'Ancien Régime qui ont fonctionné, dans le cinéma français, comme des substituts de Robin des Bois, quitte à lui emprunter sans vergogne nombre de traits. Ils devaient paraître mieux inscrits dans le « génie » de notre histoire nationale, appelant par leurs revendications la grande Révolution et fournissant dans leur comportement un prototype de celui du citoyen de la République. Des écarts importants sont à noter avec leur correspondant anglais. D'abord, beaucoup plus individualistes, ces brigands vivent rarement en bande (avec une exception pour les deux Provençaux). Ensuite, ils sont presque tous de fameux trousseurs de jupons, pour se conformer à l'image d'un Ancien Régime galant ; ce qui les éloigne du puritanisme qui frappe les héros de Sherwood…

Après l'extinction du genre sur le grand écran, c'est la télévision, comme en Grande-Bretagne, qui donnera une seconde vie à ces personnages « robinesques », avec, cette fois, un univers plus franchement moyenâgeux. La référence incontournable est le mythique feuilleton de l'ORTF *Thierry la Fronde*, réalisé par Robert Guez, avec Jean-Claude Drouot dans le rôle principal : 52 épisodes de 26 minutes diffusés de 1963 à 1966. L'action a été déplacée à l'époque de la guerre de Cent Ans, ce qui n'est pas indifférent. Mais elle cherche clairement à reproduire le cadre narratif de Robin des Bois. Elle fournira aux Français un ersatz de la série britannique. La fronde remplace l'arc : arme sentie comme plus plébéienne, elle récupère aussi la mythologie très positive de David face à Goliath. Peut-être aussi l'arc continue-t-il à souffrir d'un discrédit symbolique dans la patrie des vaincus d'Azincourt…

À vrai dire, le véritable équivalent français de Robin des Bois pourrait bien n'être ni un chevalier, ni un preux héros médiéval, mais un Gaulois : le fameux Astérix. Même situation d'un pays occupé, même bande vivant dans les forêts, mêmes guet-apens au coin des bois, même esprit rebelle, même goût pour les ripailles communautaires, même légitimisme à l'égard du pouvoir… Toutes choses égales par ailleurs (Astérix n'est guère « social »), la Gaule romaine fournit un équivalent imaginaire à l'Angleterre du prince Jean. Il s'agit dans les deux cas de s'inventer un héros fondateur des qualités nationales dans un passé mythifié.

Chapitre 8
Du héros enfantin à l'archétype

Un héros de l'enfance

Le film de Michael Curtiz et beaucoup de ceux qui l'ont suivi visaient un public familial plutôt que spécifiquement enfantin. Il n'empêche, Robin des Bois est senti depuis longtemps comme un héros destiné à l'enfance. Sans doute ce glissement progressif dans l'univers puéril recouvre la volonté occulte de masquer ses virtualités révolutionnaires. Mais il faut aussi l'envisager comme une évolution douce comparable à celle qui a affecté des grands romans d'aventures comme *L'Île au trésor* ou *Robinson Crusoé*, ou plus largement les contes merveilleux ou les fables, lesquels n'ont nullement été conçus à l'intention exclusive des enfants. Le répertoire enfantin est souvent le dernier refuge des mythes et des traditions véhiculés par le folklore le plus immémorial. Il y a surtout, dans la légende de Robin des Bois, assez d'éléments pour en faire une histoire exemplaire, un récit initiatique. Dans son essence profonde, c'est un « roman familial » comme celui qu'a synthétisé Marthe Robert (1972). Un enfant (Robin) attend avec entêtement le retour de son vrai père (Richard) duquel il refuse de croire la disparition. Il se dresse contre l'usurpateur, le mauvais père (le prince Jean, le shérif, sir Guy), par qui tout le mal arrive. Celui-ci, ou plus exactement l'une de ses composantes, est en compétition avec lui pour gagner le cœur d'une dame : une jeune femme vivant à la Cour sous la coupe du mauvais roi, une « reine » de cette histoire (sauf la reine Eleanor dans le film de Ken Annakin). Le héros finira, grâce à sa fidélité, à travers toutes les épreuves, par gagner la main de sa belle au titre de récompense octroyée par le roi-père revenu.

Ce très large schéma initiatique reçoit certaines colorations plus précises qui tiennent à l'environnement social du héros tel que les films le décrivent. Deux éléments ici sont essentiels : la vie dans la forêt et l'intégration au groupe masculin.

• L'âge de la « bande »

La situation des hors-la-loi dans la forêt figure une parenthèse dans la vie sociale. Dans ce *no man's land* historique et géographique, ils ont eu tout loisir pour inventer leurs propres règles. Ils ont pu mettre au défi la société instituée. Robin éprouve une vraie jouissance à humilier les tenants du pouvoir quand ils sont illégitimes. Le bandit d'honneur, « cette figure du désordre, au même titre que la sorcière ou le bouffon, est porteuse de virtualités qu'exploitera une littérature romantique au sens large, c'est-à-dire baroque, ennemie des contraintes, individualiste » (Rodney Hilton). L'affirmation de la personnalité de l'individu au contact des autres, tel est en effet le sens de la socialité que décrivent les films robinesques.

Howard Pyle, le romancier américain qui adapta la vieille légende, la destinait spécifiquement aux petits garçons des États-Unis. Comme le dit Jill P. May, son roman était *male-oriented*, à l'intention des garçonnets qui « souhaitaient échapper à la domesticité et à l'amour maternel ». C'est pourquoi il décrit une vie sans autorité et sans domicile imposé, permettant aux enfants de parcourir les collines et de s'occuper eux-mêmes de leurs affaires. Un « grand jeu », un camp de vacances en plein air, en somme. Cet univers exclusivement masculin reflète le cloisonnement des sexes dans l'Amérique de l'époque victorienne. Il transpose certains rituels sociaux comme les *old boy's clubs* qui fleurissaient en marge des universités et des écoles.

Il évoque surtout le dispositif pédagogique que mettait au point, à la même époque, dans l'Empire britannique, Baden Powell : le scoutisme, dont l'influence sera immense dans les trois premiers quarts du XXe siècle et se fera sentir jusque dans le cinéma. L'univers imaginaire médiéval était particulièrement adéquat à la mythologie scoute. Les chevaliers pouvaient fournir un idéal physique et moral atemporel. Les idées de Baden Powell inspirèrent directement au moins un film sur ce thème, réalisé par Alan Crosland en 1917, *Knights of the Square Table* : un gang de jeunes délinquants qui a pris le nom de « Chevaliers errants de la Table Carrée » s'y heurtait à une troupe de vaillants boy-scouts. Mais cette atmosphère scoute transpire tout autant de bien des scènes des *Robin des Bois* de Fairbanks et surtout de Flynn. Les compagnons établissent un camp dans la forêt, organisent des épreuves de survie, s'entraînent à la lutte et aux épreuves d'adresse, construisent des cabanes, font le soir des veillées autour des feux de camp avec chansons et réjouissances. Ils vivent et s'organisent entre eux, choisissent leur chef de patrouille, sans avoir à rendre des comptes aux adultes. Ceux-ci n'apparaissent qu'au dénouement (le retour de Richard) pour marquer en quelque sorte la « fin des vacances ». D'autres adultes interviennent sur le plan du fantasme, dans la figure de « méchants » contre lesquels il faut monter des expéditions, comme dans un « grand jeu » ou, comme le font les héros du *Club des Cinq* (romans pour enfants d'Enid Blyton, célèbres dans les années 60) ou de *La Patrouille des Castors* (bande dessinée du journal Tintin dans les années 50).

• Le discours de Robin des Bois : les valeurs chevaleresques comme code de conduite

Le film de Curtiz présente une épure de cet univers. Autour de Robin, les compagnons de la bande forment un bloc. Une des caractéristiques essentielles de notre héros est sa parfaite intégration à son clan. Les scènes les plus jubilatoires du film sont celles où se scelle, dans la chaleur des feux de camp et des ripailles, l'intimité du compagnonnage, où passe quelque chose de l'idéal de Baden Powell. La vie au plein air saine et naturelle dans la forêt de

Sherwood, où l'on mange des viandes grillées sur des tables en troncs, où l'on dort à l'abri de huttes en branchages, reprend la pédagogie de l'apprentissage au contact de la nature. Les termes du serment de Robin, la mise en scène qui accompagne sa prestation, sont comme un décalque de la « promesse », temps fort du mouvement scout. Certains personnages ont été affublés de quasi totems : Will Scarlett, Little John, Alan-a-Dale. Chacun d'entre eux reçoit un typage bien marqué : celui qui aime chanter (Will), celui qui est robuste et honnête (Petit-Jean), et le plus pittoresque, frère Tuck, glouton, volumineux, vantard, bon vivant. Ce dernier personnage descend en droite ligne des fabliaux, via les contes drolatiques et autres avatars rabelaisiens : il a quelque chose de frère Jean des Entommeures. Leur temps est en bonne partie occupé à des grands jeux, comme la scène de l'engagement de Petit-Jean. Il défie Robin dans un combat au bâton au-dessus d'un ruisseau dans lequel ils finissent par tomber tous les deux. Même les embuscades sont vécues sur le mode ludique, ce qui les dédramatise complètement. Se défier des autorités extérieures n'empêche pas que l'on reconstruise tous les rouages d'une socialité interne, à l'abri dans sa forêt, ou sa cabane. On y mime les jeux des grands, on les inverse par dérision. On se déguise, on invente des modes d'échange des biens, on croit en une volonté collective. Dans cette collectivité, chacun trouve sa place et s'y sent bien. On peut même, de temps en temps, inviter une « copine » (lady Marianne), bien que cela ne puisse durer longtemps. Le temps de la bande aura lui aussi une fin : c'est la fin du film. Robin retourne dans le château, seul avec sa nouvelle épouse. Il a quitté « le temps des copains ».

La chute dans l'infantile

• Le dessin animé de Wolfgang Reitherman (1973)

Le dessin animé de Wolfgang Reitherman, sorti en 1973, s'adresse explicitement aux enfants. Robin des Bois était un vieux projet chez Disney. Dès 1932, un court-métrage de la série *Mickey explore le temps* projetait la souris dans la forêt de Sherwood ; mais tous les protagonistes (Mickey excepté) avaient gardé une forme humaine. Ensuite, on l'a vu, Disney s'est tourné vers un film « à acteurs réels » en 1952. Mais c'est seulement après la mort du maître que Robin des Bois deviendra le sujet d'un long métrage d'animation. La caractéristique la plus notable de cette nouvelle adaptation est que les personnages de la geste robinesque y sont transformés en animaux. Cette métamorphose permit à l'entreprise Disney de faire *Le Roman de Renart* auquel, curieusement, elle n'osa jamais s'attaquer directement. Cette transposition présente un double intérêt. Elle est d'abord l'indice d'un infléchissement important de la série des films sur Robin. Ceux-ci glissent progressivement vers le conte traditionnel, ou plus exactement, dans ce cas, vers la fable animalière. Le retour vers les origines orales de la légende n'est pas forcément synonyme d'infan-

Marianne en renarde, amoureuse de son héros, dans le Robin des Bois *de Walt Disney.*

Robin-Renard et Petit-Jean en embuscade dans la version de Walt Disney.

tilisme (comme c'est malheureusement le cas de la version Disney). En effet, cette comédie animale était sous-jacente à la comédie humaine dès les versions classiques. Le Robin traditionnel a déjà bien des traits renardiens, et Richard Cœur de Lion porte déjà des léopards (substituts des lions) sur son écu… Ici, donc, la distribution des rôles obéit à un symbolisme convenu, considéré comme universel. À côté de Robin-renard, frère Tuck est un blaireau (compagnon traditionnel de Renart) ; Petit-Jean, un gros nounours, bénéficie de la réhabilitation de l'ours dans la culture moderne. Marianne est une renarde maniérée aux cils peints accompagnée d'une duègne qui est une poule (curieux assemblage). Le prince Jean est un lion rachitique. Le shérif un loup énorme, costumé à la façon d'un gendarme du XVIe siècle ; les soldats et mercenaires sont une coalition hétéroclite de crocodiles, d'éléphants et de rhinocéros, tandis que les gens du peuple sont des lapins, des chiens et une tortue. Un coq sert de récitant à l'histoire.

La poule, chaperon de Marianne, accompagnée de Petit-Jean dans le film de Walt Disney.

L'anthropomorphisme, caractéristique de Disney, l'emporte. Plus d'agressivité entre ces diverses composantes : c'est la ménagerie idéale d'une chambre d'enfant… De surcroît, le dessin animé de Reitherman réinterprète à sa façon le roman familial, au risque de le faire tomber dans l'infantilisme. Le prince Jean y est montré comme un fils mal aimé. Sa mère lui préférait son frère. Il suce son pouce chaque fois qu'on parle devant lui. À deux reprises, il détruit des substituts d'images maternelles : le miroir qui lui appartenait et le château qu'il tenait d'elle, et qu'il laisse flamber. Mais Robin n'a à endurer aucun de ces traumatismes. Lui est un enfant équilibré (nous ne savons pourtant rien de ses parents, mais il trouvera un père adéquat à la fin du film). Toutefois, il a besoin de faire ses preuves, aussi bien devant ses copains que devant la femme de ses désirs secrets. C'est pour avoir le droit de l'embrasser qu'il se laisse prendre au piège du tournoi d'archers. Quand il lui donne un baiser, les petits lapins qui l'accompagnent partout se détournent pour rigoler…

L'édulcoration qu'a subie le récit n'est pas allée jusqu'à le priver de toute dimension initiatique, mais elle lui a fait perdre une partie de ses enjeux essentiels. Le film de Disney propose un dénouement qui fait écho à celui de certaines versions tardives du *Roman de Renart* dans lesquelles Renart se fait accepter par Noble comme conseiller. Mais c'était alors un ultime degré de la ruse, ce qui n'est pas le cas dans le dessin animé, dépourvu de toute ambiguïté. Ici, l'enfant rebelle réintègre l'amour de son père et l'ordre familial.

Sortir de l'infantile

• Les parodies

La geste de Robin était-elle condamnée au ghetto enfantin ? On pouvait le craindre après le succès du dessin animé de Disney. Une des première façons d'échapper à cette malédiction est de se moquer : or, les parodies sont nombreuses concernant Robin, et cela, dès les débuts du cinéma. L'existence de parodies atteste toujours que les films parodiés représentent un véritable genre.
Sans remonter trop avant, il faut indiquer que la télévision a contribué abondamment en ce domaine. En 1984, *The Zany Adventures*

La joyeuse troupe de Bandits Bandit, *parodie burlesque des Monty Python (1981).*

of Robin Hood s'inspirait de *Mash* et incluait des éléments d'humour juif en récupérant les personnages et le thème d'*Ivanhoé*. Au milieu des années 80, la série britannique *Black Adder* (qu'Arte diffuse en France) contenait un voyage dans le temps à l'époque d'un Robin très dégénéré. La même BBC produisit en 1988 une série, *Maid Marian*, dans laquelle la bande était commandée par la jeune femme, imprégnée du féminisme et de l'esprit de farce des années 80…

La parodie la plus célèbre est celle que réalisa Mel Brooks après la sortie du film de Kevin Costner, *Men in Tights* (*Sacré Robin des Bois*, 1993). Les amateurs y reconnaîtront sans peine ingrédients et personnages : ainsi, le sérieux compagnon noir de Robin/Costner, Azeem, devient Achoo (Atchou), un Noir droit sorti des ghettos nord-américains. Comme le souligne Stephen Knight, le comique de Mel Brooks tient cependant moins à la parodie qu'à la « carnavalisation » des motifs : plaisanteries sur l'homosexualité, sur le cinéma hollywoodien et plaisanteries raciales, la meilleure étant celle qui transforme frère Tuck en rabbin Tuchman. L'humour juif s'est emparé de Robin dans ces dernières années…

La meilleure de ces parodies est celle que donnèrent les Monty Python quelques années plus tôt (1981) dans *Bandits Bandit* (*Time Bandits*), réalisé par Terry Gilliam. Au lieu de porter le regard d'un homme mûr sur les mythes de l'enfance – ce que faisait Lester dans *La Rose et la flèche* –, il imagine l'inverse : projeter le monde adulte sous le regard d'un enfant. C'est un jeune garçon qui va s'endormir quand il voit surgir dans sa chambre six nains qui voyagent à travers les « trous du temps », indiqués sur une carte qu'ils ont dérobée au Créateur (celui-ci ayant mal achevé son œuvre). Ainsi, ils opèrent à travers le temps les fructueuses opérations commando que d'autres font à travers l'espace. Au cours de l'une de leurs expéditions, ils débarqueront dans l'époque de Robin des Bois. Ils tombent droit sur une voiture qui emmène une dame anglaise et son fiancé à travers la forêt de Sherwood, précisément au moment où elle est attaquée par la bande des « joyeux compagnons », des concurrents, en somme. Les nains et le gamin sont capturés et conduits devant le chef de la bande, un Robin des Bois élégant et maniéré (interprété par John Cleese), qui détonne des sombres brutes qui l'entourent : deux de ses comparses, par exemple, jouent au « bras de fer » en arrière-plan avec une telle énergie qu'ils arrachent chacun le membre de l'adversaire. Le butin des nains est confisqué et l'on assiste à sa distribution aux pauvres. Mais, une fois reçu ce qui lui revient, chacun des bénéficiaires est gratifié d'un solide coup de poing qui l'expédie *ad-patres*. Ce qui est ici visé, c'est le moralisme toujours lié à la légende de Robin, dans une perspective d'inversion carnavalesque qui a sans doute beaucoup à voir avec l'inconscient enfantin.

Ce film fait également allusion à une hypothèse faite depuis longtemps : celle d'un Robin *gay*, que les *gender studies* anglo-saxonnes mettront à l'ordre du jour dans les années 90. Difficile, en effet, d'écarter l'idée que Robin, passant sa vie au milieu des garçons, et marqué en général par une crainte maladive des femmes, n'aurait pas eu quelques tendances homosexuelles… que tout un symbolisme de la flèche viendrait confirmer ! Mais il me semble plutôt, pour ma part, que le héros de Sherwood représente assez bien le jeune garçon dans l'étape dite « période de latence ».

• La Rose et la flèche de Richard Lester (1976)

Le film qui fera vraiment sortir Robin de l'ornière infantile est l'un des plus beaux consacrés au héros anglais. C'est *La Rose et la flèche*, réalisé en 1976 par le Britannique Richard Lester. Il représente le point d'aboutissement du mythe et il a renouvelé l'intérêt pour notre personnage à un moment où il risquait de s'épuiser.

Le film s'ouvre par une image allégorique : trois belles pommes fraîches qui se flétrissent dans le plan suivant. On les revoit à la fin, sur la table au chevet de Robin, au moment où ce dernier boit le

poison préparé par Marianne avant de tirer sa dernière flèche. La caméra revient alors sur la nature morte.
Le film de Lester intègre la dimension parodique des films qui l'avaient précédé. Au début, on se croit engagé dans les voies de la dérision. Un vieillard borgne refuse de rendre à Richard Cœur de Lion un château assiégé complètement délabré. Deux chevaliers, voulant soulever une pierre, heurtent leurs casques qui produisent un bruit de boîte de conserve. Le trésor du dit château s'avère n'être qu'un gros caillou... Mais, si la parodie et le pastiche ne sont pas absents des intentions du film, en fait, ce ne sont pas des héros dérisoires que nous montre Richard Lester, mais des héros vieillis et fatigués. Son Robin a vingt ans de plus, des rhumatismes, des cheveux blancs ; il accompagne, au début du film, un roi Richard perverti par des années de guerre sans règles, et de débauche. Celui-ci meurt d'ivresse, après avoir fait enfermer Robin, qui avait dû se résigner, après si longtemps, à cesser de lui obéir. Le héros, incarné par l'interprète mythique de James Bond, Sean Connery, qui inaugurait là sa très belle seconde carrière de personnages médiévaux, est toujours accompagné de son fidèle Petit-Jean. C'est Nicol Williamson, futur Merlin d'Excalibur, qui tient le rôle, avec son détachement et son air désabusé. La forêt de Sherwood est envahie par les broussailles. De retour de la croisade, Robin et Petit-Jean ont du mal à reconnaître leur chêne et leurs anciens camarades, frère Tuck et Will Scarlett, devenus de banals braconniers. Marianne, elle, s'est retirée au couvent – comme Guenièvre à la fin des temps arthuriens – où s'est doucement éteinte la flamme du désir. Audrey Hepburn revenait pour l'occasion à l'écran après une longue éclipse ; elle était utilisée, elle aussi, à contre-emploi. Le cinéma américain des années 70 poursuivait sa méditation sur le vieillissement des grands acteurs populaires, qui contenait une réflexion sur son propre vieillissement. Robin et ses compagnons sont de ceux qui n'ont pas su sortir de leur enfance, qui ont gardé des comportements entachés d'immaturité, d'infantilisme. Il est absurde, à cinquante ans, de

vouloir continuer à faire le jeune homme. S'essayant à dormir à la belle étoile, Robin n'attrape que des rhumatismes. Quand lui et son compagnon entreprennent d'escalader les murailles de Nottingham pour s'échapper de la ville, ils sentent le poids de leurs muscles raidis, et, quand il faut sauter du haut du rempart dans une charrette de foin, ils ont un instant d'hésitation. Lester peut bien porter sur son personnage un jugement sévère ; le regard du cinéaste se charge d'indulgence et d'attendrissement sur les erreurs passées. Que s'est-il donc passé dans les vingt ans qui séparent le Robin bondissant du mythe classique de ce Robin vieilli et déchu ? On peut voir dans ces héros décrépits, mais pas guéris de leurs illusions, un portrait des militants vieillis de la génération de 1968 au moment où l'on annonçait la fin des idéologies.

Le film change de registre dans sa seconde moitié. Le duel de Robin et du shérif de Nottingham, en particulier, s'il est traité en palimpseste du duel avec sir Guy, ne se fait plus dans la même tonalité. Certes, il en inverse aussi les signes. Il se déroule sur une prairie, et non plus dans le château. Il est statique, et non plus en mouvement. Aux gestes d'une escrime aérienne se substitue le maniement pénible d'armes lourdes, qui obligent à des mouvements lents. Les coups sont pesants, brutaux, la mort est lente à venir. C'est une transformation sérieuse, ou transposition, par l'introduction des codes du réalisme historique dans le cadre conventionnel du récit.

Lester a opté pour la voie d'un certain réalisme dans la représentation du Moyen Âge. L'un des grands intérêts de ce film tient à ce qu'il a retenu des leçons de la « nouvelle histoire ». Une histoire démystifiée, d'abord, par les allusions qui sont faites au cadre référentiel de la fiction. Outre l'allusion à la mort piteuse de Richard Cœur de Lion, on voit dans une séquence Robin raconter à Marianne sa croisade qui n'avait rien d'héroïque. Quant aux événements qui expliquent l'expulsion des nonnes du couvent de Kirklees, ils se basent sur le conflit entre Jean sans Terre et le pape Innocent III qui aboutira à l'Interdit lancé sur le royaume (1208). Les conflits politiques

forment une toile de fond bien présente dans le film. Le shérif, représentant du roi dans les comtés, s'oppose au bailli et aux seigneurs (*landlords*), grands propriétaires terriens. Leurs armures et leurs tenues vestimentaires contrastent avec leur fonction : le shérif est recouvert d'un haubert en mailles de fer, le bailli porte une armure d'écailles métalliques, le seigneur a passé, sur son riche manteau rouge, une cuirasse. Robin, et les compagnons de la forêt, n'ont pour se protéger que des harnois précaires, en cuir bouilli, lacés, rapiécés…
Le soin apporté aux *realia* est extrême et témoigne du progrès accompli dans la science du décor et des costumes, sous l'influence des conseillers historiques. Le village de Nottingham serre ses masures en torchis dans ses remparts, au pied d'un château bâti sur une motte. Le monastère de Kirklees, tout en bois, entoure un unique donjon de pierre. Dans les rues du village circulent des infirmes, des cochons noirs. Des baladins montrent un castelet de marionnettes. Un arbre est chargé de pies pendues… On n'en finirait plus d'énumérer ces détails qui tapissent le fond des images, rehaussant la légende par son enracinement dans un effet de réalisme historique, un des meilleurs atteints à ce jour par le cinéma moyenâgeux. Le caractère parodique ou humoristique de certaines situations n'exclut en aucune façon la sincérité des personnages. Robin et ses compagnons ont des convictions ; c'est le monde autour d'eux qui a vieilli. Ils reviennent dans un univers qui ne connaît que la *Realpolitik*. Ils ont pourtant eu l'occasion de s'en rendre compte, au cours de vingt années de campagnes, mais ils continuent à croire aux anciennes valeurs. La fin du film fournit un exemple de cet aveuglement. Il avait été convenu que le combat singulier entre Robin et le shérif déciderait de l'issue de la guerre : si Robin était vaincu, les compagnons se rendraient, s'il triomphait, les soldats se retireraient. Or, en contradiction formelle avec ces engagements, à peine les deux adversaires se sont-ils écroulés au sol, que le seigneur Ranulf lance ses troupes à l'assaut, laissant présager

l'écrasement de la révolte. Jusqu'au bout, Robin s'est conduit comme ces idéalistes accrochés à des systèmes de valeurs périmés – dont on ne sait pas même s'ils ont réellement existé un jour. Son modèle latent, son substrat, est Don Quichotte.

Un sous-texte mythique double en profondeur le récit désenchanté de surface. La présence de la flèche en marque les étapes. La première flèche est celle qui tue Richard Cœur de Lion : sort mérité pour un être qui a trahi les idéaux qu'incarnait sa figure légendaire. La seconde est la flèche tirée par Will Scarlett à Nottingham, depuis un castelet de marionnettes, qui sauve la vie à Robin et Petit-Jean : elle constitue une véritable inversion, puisque la tradition nous a habitués à voir la flèche de Robin venir au secours des victimes. Cette flèche-là vise le mythe et ses passages obligés mais la troisième est d'une autre nature : c'est celle tirée par Robin lui-même qui s'envole jusqu'au ciel. Ainsi, comme l'a bien vu Jeffrey Richards, « Robin n'est pas davantage ici un paysan révolutionnaire qu'il ne l'était auparavant ; il est bien davantage une légende vivante qui a survécu à son temps ». Une autre triplication se rencontre dans la temporalité interne du récit : il nous est exposé en trois jours et trois nuits. Ces structures, invisibles mais bien présentes, indiquent à quel niveau se situe l'histoire. La scène du double suicide y apporte la touche finale. Par le détail de la coupe qui contient le poison, c'est un autre couple mythique dont le destin vient ici interférer, celui de Tristan et Iseut.

Les aventures du couple mythique Don Quichotte Sancho Pança, dans la lignée de celles de Robin des Bois.

Les archétypes

Il faut y revenir au bout du compte : davantage qu'un personnage historique, davantage encore qu'une légende, Robin des Bois est (ou est devenu) un archétype. Quelles en sont les composantes ? Robin est d'abord un personnage « aérien ». Ceci est vrai surtout d'Errol Flynn et de ses émules (Fairbanks, lui, est plus « chtonien » ; il habite d'ailleurs une caverne aménagée auprès d'une source). De ce personnage, on peut dire qu'« il n'a pas les pieds sur terre », aux deux sens de l'expression. Le Robin de Curtiz a construit son village dans les arbres, il guette le passage des convois caché dans les branches. Il traverse la salle du château pendu à une corde (comme Tarzan mais en plus léger). La flèche, son arme, est une parfaite métonymie de son personnage. Il supporte ainsi les rêveries d'envol dont la psychanalyse nous apprend qu'elles sont fréquentes au moment de la puberté. Il est le grand frère de Peter Pan, ce petit garçon qui n'a pas voulu grandir et qui plane sans effort dans l'espace…

Avec le héros de James Barrie, il partage une autre caractéristique : sa couleur. Il faut souligner ici que cette dernière est indispensable à Robin. Au cinéma, une fois réalisé le film en technicolor de Curtiz (le premier de la Warner), on ne reviendra plus au noir et blanc, sauf à la télévision. Le vert et le brun, couleurs emblématiques du héros, s'opposent au rouge et au bleu des nobles normands. Une véritable héraldique se met en place. Le film de Curtiz a contribué à la réhabilitation du vert dans notre culture, ce *Lincoln green* qui restera célèbre, et qui facilitera l'association de Robin avec une pensée écologique.

Les matériaux qui sont associés au héros sont le bois et le cuir. Sa flèche en bois lestée d'une plume, trouve son répondant dans son feutre coiffé d'une plume et son gilet de cuir (c'est la tenue traditionnelle des forestiers anglais, mais elle prend ici une forte charge symbolique). Ces matériaux (bois, cuir, plume) sont perçus comme naturels, ruraux, forestiers. Ils sont liés à la végétation sauvage. Ils facilitent une rêverie pastorale, préindustrielle.

La référence aux animaux et la symbolique végétale jouent un rôle déterminant dans la mythologie de Robin. Les films les plus récents l'ont mis en évidence. Dans celui de Kevin Reynolds, les hors-la-loi se cachent sous une couverture de feuilles et s'enveloppent de fougères pour l'embuscade qui leur permettra d'intercepter Marianne. La version de John Irvin appuie davantage en ce sens. Tout l'épisode final se déroule pendant une fête des fous. Les compagnons la saisissent comme occasion de pénétrer dans le château, alors que le mariage de Marianne et du Normand Folcanet est sur le point d'y être célébré. Les hommes de Robin se sont déguisés avec des vêtements de feuilles cousues et des carcasses de crânes d'animaux en guise de masques. Frère Tuck, monté sur un char, conduit le cortège, sous les apparences d'une sorte de Bacchus rustique. La procession païenne pénètre dans l'église au moment précis où Marianne vient de répondre « non ! » à la question du prêtre. Ce cortège carnavalesque est présenté comme l'expression d'un paganisme résiduel qui serait la culture du peuple, le christianisme étant au contraire celle de la noblesse. Mais, avec ses emblèmes animaliers, il manifeste aussi la présence d'un texte profond sous le texte de surface. Dès les premiers plans, on voit divers animaux de la forêt en gros plan : un renard, un blaireau, un faucon, un daim, des cerfs. Ces animaux inquiets et pourchassés préfigurent les principaux héros de la geste. Un deuxième récit se déroule parallèlement au premier, dont le climat du film est la clé. Toutes les scènes se situent dans des sous-bois brumeux, baignés par une humidité permanente, une absence d'horizon et de lumière, que l'on peut prendre comme une vaste métaphore de ces temps obscurs. À l'extrême fin, après que le baron Daguerre a fait allégeance à Robin (inversant le geste de Robin qui s'agenouillait devant Richard dans les versions traditionnelles), et après le baiser échangé par les amoureux sous une couronne de feuillages, le soleil perce brusquement les nuages. Par-delà sa naïveté et une lourdeur assez « kitsch », cette dernière scène a le mérite d'avoir compris l'une des raisons profondes qui font la force du mythe de Robin des Bois, ce que l'on pourrait nommer son aspect « calendaire ». Le héros vert et roux de la forêt de Sherwood est un renard dans un monde hostile, c'est aussi un héros végétal, qui renaît avec le printemps et avec les journées débridées des festivités carnavalesques. Les spécialistes se souviennent que, à la Renaissance, Robin et Marianne étaient célébrés dans des fêtes de mai où ils étaient couronnés roi et reine.

Conclusion
Des Robins des Bois d'ailleurs et d'aujourd'hui

Devenue universelle, la figure de Robin des Bois va accéder au statut de modèle de référence pour toutes sortes de héros à travers la planète. Ce sont souvent des personnages ayant réellement vécu mais que la tradition populaire a rapidement transformés en légende ; pour ce faire, la mémoire des peuples a puisé dans le trésor des récits et a conformé le personnage impétrant au modèle du bandit de Sherwood. Le cinéma a joué un grand rôle dans cette opération de nivellement. Mais Robin des Bois est sorti depuis longtemps du domaine strict de la fiction. Il s'est transformé en mythe actif, il a acquis le statut de phénomène sociologique.

Henry Fonda reprit le rôle de frère pilleur de banque, au côté de Tyrone Power dans le film Le Brigand bien-aimé *(1939).*

Aujourd'hui, on se réclame de lui, on revendique son nom comme un drapeau, celui-ci signifiant un programme d'action minimal à orientation populiste. On ne peut imaginer plus bel exemple de consécration pour un personnage et un récit nés dans d'obscures conditions il y a plus de six siècles.

Au sein de la mythologie que le cinéma a diffusée par ses propres moyens dans le monde entier, Robin des Bois se trouve en compétition avec d'autres personnages, qui souvent font fortune sur le grand écran à la même époque que lui. Les plus proches de lui sont les bandits ruraux qui ont jalonné l'histoire et la légende de l'Ouest américain, les « brigands bien-aimés » du western. Les frères Jessie et Frank James, pilleurs de banques au Kansas et au Missouri dans les années 1870 (juste après la guerre de Sécession), acquirent de leur vivant ce statut. La réalité fut instantanément transformée et les deux *outlaws* devinrent de généreux défenseurs des pauvres qui ne s'en prenaient qu'aux riches et aux puissants. Des *folksongs*, des brochures bon marché, des pièces de théâtre populaire entretinrent leur légende jusqu'à ce que l'industrie cinématographique s'en empare. C'est au sortir de la grande crise, en pleine période rooseveltienne, la même année précisément que le *Robin des Bois* de Curtiz, qu'ils devinrent les héros d'un film réalisé par Henry King qui devait les lancer comme personnages de western, Jesse James, *Le Brigand bien-aimé* (1939). Le rôle des deux frères était tenu par deux vedettes charismatiques, Tyrone Power et Henry Fonda. Le début du film justifiait leur basculement dans l'illégalité : petits propriétaires terriens, ils étaient menacés d'expropriation par un représentant de la Midland Railroad Company (nous sommes au moment de la construction de la ligne transcontinentale). Cette compagnie ne reculait devant aucun moyen de pression, allant jusqu'à provoquer la mort de la vieille mère des deux garçons. Ayant formé une bande avec quelques-uns de leurs semblables malheureux, les deux frères se vengent par des attaques de trains, équivalentes des embuscades dans la forêt de Sherwood. Jesse trouve une fiancée, sa Marianne à lui, qui le persuade de se rendre aux autorités, mais il tombe dans un traquenard dont il réussit à s'échapper grâce à son frère. Dès lors l'engrenage du banditisme est en route. L'opinion publique est de leur côté : « Un être offensé a non seulement le droit, mais le devoir de se défendre », écrit un journaliste. À la fin de l'histoire, Jesse, marié et père de famille, a décidé de « raccrocher » ; ce sont les traîtres Bob et Charles Ford, anciens compagnons de la bande désormais appointés par l'agence de détectives Pinkerton, qui vont provoquer sa perte, on se souvient comment : une balle tirée dans le dos alors qu'il remettait en place un tableau portant l'inscription *God bless our home*. Le film de Henry King engendra beaucoup de suites. Du succès de cette légende, il est possible de donner des interprétations socio-historiques sur lesquelles je ne m'attarderai pas, mais qui sont celles mêmes que l'on peut donner pour Robin des Bois. La comparaison était présente à l'esprit de chacun : le président Truman lui-même, à la suite de son prédécesseur Theodore Roosevelt, faisait l'analogie : « Jesse James était un moderne Robin Hood. Il volait aux riches et donnait aux pauvres, ce qui n'était pas une si mauvaise politique » (cité dans Klaus Köhring).

L'autre vedette des *good bad men* est le fameux William Bonney dit Billy le Kid. Mort à 21 ans (après 21 meurtres) d'une balle tirée dans le dos par Pat Garrett, le jeune hors-la-loi offre une destinée comparable à la précédente. « *He stole from the rich and he gave to the poor/He'd a hand and a heart and a brain* », disait un folksong. Il fut le héros d'une dizaine de films, de King Vidor (1930) à Sam Peckinpah (1971), en passant par Howard Hughes (1943) et Arthur Penn (1958). L'euphorisation qui a marqué ce personnage de petite frappe sans scrupules est remarquable. À partir du *Gaucher* d'Arthur Penn, l'angélisme du bandit cède la place à une psychologie complexe, torturée, mais qui lui fournit toujours une excuse ontologique.

Encore plus proche de Robin des Bois qui est son modèle désigné, nous trouvons le personnage – créé de toutes pièces cette fois – de Joaquim Murieta. Apparu dans un roman de 1854 (écrit par un métis indien Cherokee), déjà porté à l'écran par Griffith, le bandit californien, défenseur des Mexicains indigènes, trouva une nouvelle actualité avec le roman de W.N. Burnes en 1932 que William

Wellman devait adapter en 1936 sous le titre *Robin des Bois d'el Dorado*. L'« el Dorado » en question est la Californie de 1848, au moment de la ruée vers l'or, qui amène dans cette terre jusque-là idyllique les Yankees avides de métal jaune. Deux de ces chercheurs, désireux qu'il leur cède sa terre, violent la femme de Murieta et provoquent la mort de sa mère. Le héros passe dans la clandestinité et se joint aux défenseurs de la population hispanique : une défense des minorités qui s'inscrit, en 1936, dans le discours progressiste rooseveltien, et qui retrouve le thème robinesque du conflit des nationalités. Il y a une analogie avec le personnage de Zorro. Comme l'a écrit Michel Cieutat, « Hollywood défend le Mexicain lorsque la démocratie est en cause ». Le beau film de Wellman abonde en références à la geste du héros anglais au point d'en constituer un vrai palimpseste. Outre le thème de la défense des minorités, celui de la redistribution utopique des richesses, et l'apologie d'un ordre pastoral révolu, l'histoire du *Robin des Bois d'el Dorado* est l'occasion de rafraîchir la vieille opposition entre la loi civile et la loi morale, d'actualité en période de dégradation du tissu social.
Jusque-là, nous sommes restés dans un contexte rural, inhérent à la légende de Robin des Bois. Peut-on imaginer de le transposer dans l'univers urbain moderne ? Ce cadre est théoriquement en contradiction avec sa thématique. Mais les genres sont perméables et les types se contaminent les uns les autres. Déjà, l'héroïsation des gangsters de la première période au début des années 30 (*Scarface*) mettait sur la voie d'une métamorphose mythique. Elle n'allait quand même pas jusqu'à faire croire que ces chefs de gang « prenaient aux riches pour donner aux pauvres ». Il faudra attendre une époque post-moderne – les années 60 et 70 – pour que le romantisme attaché à ces héros aboutisse à les transformer en redresseurs de torts (*Bonnie and Clyde*).
Une indication de cette référence est donnée au second degré par un film parodique sorti en 1964, *Robin and the Seven Hoods*, réalisé par Gordon Douglas mais produit et interprété par Frank Sinatra.

Tourné sous la présidence de son ami Kennedy, le film de Sinatra se situe dans le Chicago des années 20. La guerre des gangs actualise la rivalité Saxons/Normands. On y retrouve tous les personnages, Robbo (Sinatra), Little John (Dean Martin), Will (Sammy Davis Jr), Allan-a-Dale (Bing Crosby), et sir Guy (Peter Falk), bref, une vraie bande, le *Rat Gang* de Sinatra… Bien curieux gangsters, qui refusent de tuer pour exécuter leurs contrats, et qui donnent – par mégarde – leurs gains à des bonnes œuvres, ce qui leur vaut une popularité immédiate… Seule Marianne, dans cette version, pousse les compagnons au crime… Ce second degré masque la bonne conscience et l'optimisme retrouvé des années 60.
Ces héros américains dérivés de Robin des Bois, dans leurs diverses variantes, vérifient comment le cinéma d'Hollywood internationalise des thèmes spécifiquement américains au départ : la défense d'un ordre démocratique (Zorro, Murieta), la nostalgie de la société rurale (Jesse James, Billy le Kid), l'individualisme du citoyen qui veut accéder au rêve américain… « Les nouvelles défroques sous lesquelles Robin réapparaît toujours dans le monde moderne sont un indicateur précieux des conflits non-résolus et des changements sociaux et des révolutions culturelles qui sont en cours » (Klaus Köhring).
De temps à autre, dans notre monde industrialisé, un révolté se présente lui-même comme un nouveau Robin des Bois. Dans les années 20, au Brésil, les fameux *cangaceiros*, derniers vestiges des bandits ruraux d'autrefois, appelaient le rapprochement. Plus tard, c'est Errol Flynn lui-même qui présenta Fidel Castro comme une réincarnation du héros qu'il avait jadis interprété. Les *barbudos* n'ont pas manqué d'utiliser le capital de sympathie que leur valut cette assimilation : ne pourrait-on voir dans Che Guevarra l'archétype du Robin des Bois des année 60 ? Un Robin anti-impérialiste, tiers-mondiste, auquel ne manque même pas la mort suspecte causée par une trahison… L'Amérique latine peut apparaître, dans une large mesure, comme le sanctuaire des nouveaux héros « robinesques ». On

compare souvent le sous-commandant Marcos et les proscrits du Chiapas aux héros de la forêt de Sherwood…
Au-delà, c'est l'ensemble du tiers-monde qui se présente comme le refuge de ces figures héroïques. En voici un exemple : la fameuse Phoolan Devi, récemment libérée de prison, qui écuma avec ses partisans les campagnes de l'Inde. Un film de fiction a été tiré de sa vie : *Goddess of the Flowers* (*La Reine des bandits*) de Shekhar Kapur (1994). Née dans une caste inférieure, ancienne intouchable, la jeune femme subit dans son corps toutes les humiliations imaginables, jusqu'à ce qu'elle se révolte et prenne la défense de ses semblables. Le cas de Phoolan Devi est doublement intéressant par rapport à Robin des Bois. C'est une femme : or, il y a déjà eu parfois des « Robins » filles. D'autre part, elle récapitule et porte sur elle la somme des humiliations qui, dans les versions classiques, étaient réparties sur l'entourage de Robin. Sa légende a repris, volontairement ou non, la somme des signifiants propres à la version hollywoodienne de Robin.
Il faut encore élargir le regard. Car Robin n'est pas cantonné aux sociétés traditionnelles. Il fait une réapparition remarquée dans nos sociétés industrielles en crise. Ceux qui s'opposent à un monde dominé par la logique du profit, ceux qui défendent une nature agressée par le développement sans freins des rebelles irrespectueux de toute sorte, le prennent volontiers pour bannière. Dans le mouvement social de l'hiver 1995, un leader cheminot l'avait choisi comme pseudonyme. Sur Canal+, les « Robins des Bois » sont une bande de trouble-fête chargés de semer la perturbation dans l'émission « Nulle Part Ailleurs » (ils se sont fait connaître en interprétant sur les planches un *Robin des Bois d'à-peu-près-Alexandre-Dumas*). Favorisée sans doute par la couleur verte qui lui est associée, l'assimilation s'est faite entre Robin et les mouvements écologistes des sociétés développées. Un mouvement a pris son nom à Brême dans les années 80, un autre en Grande-Bretagne dans les années 90 (dont les actions spectaculaires consistent parfois à occuper des

arbres). Dans les années 70, les défenseurs du Larzac avaient réactualisé le motif de la résistance des compagnons de Robin contre une puissance supérieure dont ils ont fini par triompher. José Bové, le *leader* de la Confédération paysanne, hérite aujourd'hui de la comparaison, un peu abusive sans doute dans son cas. Les manifestants de Seattle ou les opposants à Davos et à la mondialisation libérale se sont tous réclamé un jour ou l'autre des réfractaires de la forêt de Sherwood.

Ainsi, le héros obscur apparu dans les forêts d'un coin d'Angleterre vers le XIIe ou le XIIIe siècle reprend-il toujours du service. Comme si notre société avait besoin de ces très anciennes mythologies pour prendre ses repères dans un monde qui est perpétuellement en train de changer.

Che Guevarra, un archétype du Robin des Bois des années 1960...

BIBLIOGRAPHIE

Scott ALLEN NOLLEN, *Robin Hood, A Cinematic History of the English Outlaw and his Scottish Counterparts*, Mc Farland, Jefferson & London, 1999.

Christian AMALVI, *Le Goût du Moyen Âge*, Plon, 1996.

Rudy BEHLMER, *The Adventures of Robin Hood* (scénario du film de Curtiz), Wisconsin/Warner Bros Screenplay Series, University of Wisconsin, 1979.

François Amy de la BRETÈQUE, « *Robin des Bois, ou comment une geste s'installe dans l'enfance* », *Les Cahiers de la Cinémathèque* n°s 42/43, « *Le Moyen Âge au cinéma* », Perpignan, 1985, pp. 71-79.

François Amy de la BRETÈQUE, « *Le Regard du cinéma sur le Moyen Âge* », dans Jacques LE GOFF & Guy LOBRICHON, *Le Moyen Âge aujourd'hui, trois regards contemporains sur le Moyen Âge*, Cahiers du léopard d'Or, 1998, pp. 283-326.

François Amy de la BRETÈQUE, *L'Imaginaire médiéval dans le cinéma occidental*, thèse de doctorat d'État, université de la Sorbonne Nouvelle Paris III, 2000.

Kevin CARPENTER (ed.), *Robin Hood, Die Vielen Gesichter des edlen Raübers/The Many Faces of that Celebrated English Outlaw*, Bibliothek und Informationssystem des Universitäts Oldenburg, 1995.

Jens-Ulrich DAVIDS, *Die Prozession der Galgenstricke*, dans Carpenter, pp. 107-120.

Marie-Christine DUCHEMIN et Didier LETT, « Moyen Âge d'adolescents », dans « Apprendre le Moyen Âge aujourd'hui », *Médiévales*, Presses de l'université de Vincennes, 1987, pp. 13-34.

Umberto ECO, *Travels in Hyperreality*, trad. William Weaver, San Diego, 1986.

Olivier EYQUEM, « Sherwood USA », dans *Positif*, n° 205, 1977.

Pierre GUIBBERT, « Le film de cape et d'épée », dans *CinémAction*, n° 68, « Panorama des genres au cinéma », 3e semestre 1993, pp. 154-159.

Kevin J. HARTY, « Robin Hood on Film : Moving Beyond Swashbuckling Stereotype », dans Thomas HALM & D.S. BROWN (ed.), *Robin Hood in Popular Culture*, Cambridge, 2000, pp. 87-99.

Kevin J. HARTY, *The Real Middle Ages, Films About Medieval Europe*, Mc Farland, London, 1999.

Rodney H. HILTON, « Robin des Bois, la légende et l'histoire », *L'Histoire*, n° 212, mai 1980.

Eric HOBSBAWM, *Bandits*, London, 1985, trad. fr. La Découverte, 1999.

James C. HOLT, « Robin Hood, The Origins of the Legend », dans Carpenter, pp. 21-27.

Bianca JUNG, « Faszination des Mittelalters », dans Carpenter, pp. 53-64.

Stephen KNIGHT, *Robin Hood, A Complete Story of the Outlaw*, Oxford, 1994.

Stephen KNIGHT, « The Emergence of Robin Hood as National Hero », dans Carpenter, pp. 45-52.

Stephen KNIGHT, « A Garland of Robin Hood Films », *Film & History*, vol. 29, 3/4, 1999 ; pp. 34-43.

Klaus K. KÔRING, « Die Amerikanisierung des Robin Hoods », dans Carpenter, pp. 121-134.

George LUKÁCS, *Le Roman historique*, 1956, trad. fr. Payot, 1965.

Jill P. MAY, « Howard Pyle's American Interpretation of British Legend », dans Carpenter, pp. 65-78.

Roland MARX, « Angleterre médiévale » dans *Encyclopedia Universalis*, Albin Michel, 1997.

Katharine M. & Robert E. MOSBERGER, « Robin Hood Film : Can We Ever Again Make Them Like They Use To ? », dans Loïs POTTER (ed.), *Playing Robin Hood*, Delaware, Newark & London, 1998, pp. 205-231.

Jeffrey RICHARDS, *Swordmen of the Screen*, Routledge & Kegan, London, 1977.

David TURNER, *Robin of The Movies, The Cinematic History of the Legendary Outlaw of Sherwood*, Yeoman Publ., 1989.

Filmographie de Robin des Bois

1908. *Robin Hood and His Merry Men*, Percy Stow, G.B.

1908. *Robin Hood,* prod. Kalem, USA.

1909 ou 1912. *Robin Hood Outlawed*, Charles Raymond, G.B., int. Brian Plant.

1912. *Robin Hood*, Etienne Arnaud (ou Herbert Blaché), Eclair/USA, int. Robert Frazer.

1913. *Ivanhoé*, USA, Herbert Brenon.

1913. *Robin Hood*, Theodore Marston, USA, int. William Russel

1913. *In the Days of Robin Hood*, F. Martin Thornton, G.B., int. Harry Agar Lyons (filmé en kinemacolor)

1922. *Robin Hood (Robin des Bois)*, Alan Dwan, USA, int. Douglas Fairbanks

1938. *The Adventures of Robin Hood (Les Aventures de Robin des Bois)*, Michael Curtiz et W. Keighley, USA, int. Errol Flynn.

1946. *The Bandits of Sherwood Forest (Le Fils de Robin des Bois)*, George Sherman, Henry Lewin, USA, int. Cornel Wilde.

1946. *Son of The Guardsman*, George Abraham, USA, int. Bob Shaw.

1948. *The Prince of Thieves (Le Prince des voleurs)*, USA, H. Bretherton & B. Abraham, int. Jon Hall.

1948. *La Flèche noire (The Black Arrow Strikes)*, USA, Gordon Douglas.

1950. *La Flèche et le flambeau (The Flame and the Arrow)*, USA, Maurice Tourneur, int. Burt Lancaster.

1950. *Rogues of Sherwood Forest (La Revanche des gueux)*, Gordon Douglas, USA, int. John Derek.

1951. *Tales of Robin Hood (Les Nouveaux Exploits de Robin des Bois)*, James Tinling, int. Robert Clarke.

1952. *Story of Robin Hood and His Merrie Men (Robin des Bois et ses joyeux compagnons)*, Ken Annakin (Walt Disney), G.B., int. Richard Todd.

1953. *Le Dernier Robin des Bois*, André Berthomieu, Fr.

1955. *Robin Hood*, feuilleton télévisé, G.B., prod. Sapphire, int. Richard Greene.

1957. *Men of Sherwood Forest (La Revanche de Robin des Bois)*, Val Guest, G.B.

1958. *Son of Robin Hood (Robin des Bois Don Juan)*, G. Sherman, G.B., int. Al. Ledison.

1959. *Capitane Fuoco (La Flèche noire de Robin des Bois),* Carlo Campagalliani, It., int. Lex Baxter.

1960. *Sword of Sherwood Forest (Le Serment de Robin des Bois)*, Terence Fisher, G.B., int. Richard Greene.

1960. *Il Cavaliere dei Centi volti (Le Retour de Robin des Bois),* Piero Mercanti, It., int. Lex Baxter.

1961. *Robin Hood e i Pirati (Robin des Bois et les pirates),* Giorgio Simonelli, It., int. Lex Baxter.

1963. *Il Trionfo di Robin Hood (Le Triomphe de Robin des Bois),* Umberto Lanzi, It., int. Don Burnett.

1967. *A Challenge for Robin Hood*, G.B., int. Barrie Ingham.

1969. *Wolfshead (Robin des Bois, la légende)*, G.B., prod. Hammer, réal. John Hough, int. David Warbeck.

1970. *Robin Hood, arciere invincible (Les Nouvelles Aventures de Robin des Bois.)*, José Merimo, Ite/Esp., int. Charles Quiney.

1970. *Robin Hood il Magnifico*, Roberto Montero, It., int. George Martin.

1970 *L'Arciere di Ferre (La Grande Chevauchée de Robin des Bois)*, Giorgio Feroni, It., nt. Giuliano Gemma.

1973. *Robin Hood (Robin des Bois),* Wolfgang Reitherman (Disney), USA

1976. *Robin Hood nunca muere*, Francesc Bellmunt, Espagne.

1976. *Striely Robin Guda (Robin Hood's Arrow)*, Russie, réal. Sergueï Terassov, int. Boris Chmelinzki.

1976. *Robin and Marian (la Rose et la flèche)*, Richard Lester, USA, int. Sean Connery.

1981. *Time Bandits (Bandits, Bandit),* Terry Gilliam, int. John Cleese.

1982 (?). *Robin Hood, frecce, faggiolii e karate (Robin des Bois, flèche et karaté),* Tonino Ricci, int. Alan Steele.

1991. *Robin Hood, Prince of Thieves (Robin des Bois, prince des voleurs)*, Kevin Reynolds, int. Kevin Kostner.

1991. *Robin Hood*, John Irvin, USA, int. Patrick Bergin.

1993. *Robin Hood : Men in Tights (Sacré Robin des Bois),* Mel Brooks, USA, int. Cary Elwees.

Achevé d'imprimer sur les Presses de France Quercy 46000 Cahors
en mai 2001.
Photogravure : Nuances du Sud 31300 Toulouse
(1/3000) Imprimé en France